"ධම්මෝ හි වාසෙට්ඨා, සෙට්ඨෝ ජනේතස්මිං
දිට්ඨේ චේව ධම්මේ, අභිසම්පරායේ ච."

වාසෙට්ඨයෙනි, මෙලොවෙහි ත්, පරලොවෙහි ත්
ජනයා අතර ධර්මය ම ශ්‍රේෂ්ඨ වෙයි !

- අග්ගඤ්ඤ සූත්‍රය - භාග්‍යවත් බුදුරජාණන් වහන්සේ

චතුරාර්ය සත්‍යාවබෝධයට ධර්ම දේශනා

ලොවෙහි එකම සරණ

පූජ්‍ය කිරිබත්ගොඩ ඤාණානන්ද ස්වාමීන් වහන්සේ

ISBN : 978-955-687-069-5

ප්‍රථම මුද්‍රණය	:	ශ්‍රී බු.ව. 2559 ක් වූ බිනර මස පුන් පොහෝ දින
සම්පාදනය	:	මහමෙව්නාව භාවනා අසපුව වඩුවාව, යටිගල්ඔළුව, පොල්ගහවෙල. දුර : 037 2244602 info@mahamevnawa.lk | www.mahamevnawa.lk

පරිගණක අකුරු සැකසුම, පිටකවර නිර්මාණය සහ ප්‍රකාශනය :

මහාමේඝ ප්‍රකාශකයෝ
වඩුවාව, යටිගල්ඔළුව, පොල්ගහවෙල.
දුර : 037 2053300, 0773216685
mahameghapublishers@gmail.com

මුද්‍රණය	:	ලීඩ්ස් ග්‍රැෆික්ස් (පුද්.) සමාගම, අංක 356 E, පන්නිපිටිය පාර, තලවතුගොඩ.

චතුරාර්ය සත්‍යාවබෝධයට ධර්ම දේශනා....

ලොවෙහි එකම සරණ

අලුත් දහම් වැඩසටහන

5

පූජ්‍ය කිරිබත්ගොඩ ඤාණානන්ද ස්වාමීන් වහන්සේ
විසින් පොල්ගහවෙල මහමෙව්නාව භාවනා අසපුවේ අලුත් දහම්
වැඩසටහනේ දී සිදු කළ ධර්ම දේශනා ඇසුරිනි.

මහාමේඝ
MAHAMEGHA

ප්‍රකාශනයකි

පෙළගැස්ම....

නමෝ තස්ස භගවතෝ අරහතෝ සම්මාසම්බුද්ධස්ස
ඒ භාග්‍යවත් අර්හත් සම්මා සම්බුදුරජාණන් වහන්සේට නමස්කාර වේවා!

උදේ වරුවේ ධර්ම දේශනය...

ශ්‍රද්ධාවන්ත පින්වත්නි,

අපි දිගටම පසුගිය වැඩසටහන් වලදී ඉගෙන ගත්තේ පිනක ඇති වටිනාකම ගැන. පිනක් විසින් අපට දෙන උදව්ව, අප රැස්කරන්නා වූ පින අපිව අනතුරු වලින් බේරන විදිහ. ඒ දේවල් අපි ඔබට කියාදුන්නේ බුද්ධ දේශනා ආශ්‍රයෙන්. සමහරුන්ට 'අනේ අපිට පින් වැඩක් නෑ. අපි කාටවත් වරදක් කරන්නෙ නෑනේ. ඒ නිසා අපිට අමුතුවෙන් පින් කරන්න ඕනෙ නෑ' කියලා ඒ වගේ මිසදිටු වැරදි අදහස් ඇතිවෙනවනෙ. නුවණැත්තෙකුට අන්න ඒවායින් බැහැර වෙලා ඉඩ ලැබෙන වෙලාවට පින් කරගන්න අවස්ථාව ලැබෙනවා. මේ පින් ගැන අපිට අහන්න ලැබුණෙත් බුදුරජාණන් වහන්සේගේ දේශනා වලින්.

බුදු කෙනෙක් පහළ වීමේ මූලික පරමාර්ථය චතුරාර්ය සත්‍යය දේශනා කිරීමයි. ඒ චතුරාර්ය සත්‍යය දේශනා කරද්දී උන්වහන්සේ පින ගැනත් දේශනා කළේ චතුරාර්ය සත්‍යය අවබෝධ කරන්න සුදුසු පරිසරයක්

ලබාදෙන්නයි. ඇයි පින් තියෙන කෙනාට තමයි ඒ අවස්ථාව ලැබෙන්නේ. පිනක් නැති කෙනාට ඒ අවස්ථාව ලැබෙන්නෙ නෑ. බුදුරජාණන් වහන්සේ පින් රැස්කරගන්න කියලා දේශනා කළා. ඒ විතරක් නෙමෙයි. උන්වහන්සේ පව ගැන ඉතාම හොඳට පැහැදිලි කළා. මං හිතන්නෙ නෑ මේ ලෝකයේ වෙන කිසිම කෙනෙක් එච්චර හොඳට පාපය විස්තර කරයි කියලා. පව, පවේ ස්වභාවය, පව් වල ඇති භයානකකම, පවෙන් බේරෙන ආකාරය, පවෙන් වළකින ක්‍රම බුදුරජාණන් වහන්සේ දේශනා කළා.

ආනන්තරිය පාප කර්ම....

ඒ වගේම උන්වහන්සේ දේශනා කළා විසඳුම් නැති පව් පහක් ගැන. ඒ පවක් කෙනෙකුට කෙරුනොත් විසඳුමක් නෑ. ඒ කියන්නේ ඒ පවෙන් මග අරින්න ක්‍රමයක් නෑ. ඒවට කියන්නේ ආනන්තරිය පාපකර්ම. ආනන්තරිය පාප කර්මයක් තමන්ගේ අතින් සිද්ධ වුනොත් ඒකෙන් මග අරින්න බෑ. අනිවාර්යයෙන්ම ඒකේ විපාක ලැබෙනකම්ම විසඳුමක් නෑ. ඒක විඳවන්නම ඕනෙ. අතරක් නැතුව විපාක දෙනවා කියන අර්ථය තමයි ආනන්තරිය පාප කර්මය කියලා කියන්නේ. එබඳු පාප කර්ම පහක් මේ සංසාරේ යන කෙනෙකුගේ අතින් වෙන්න පුළුවන් කියලා බුදුරජාණන් වහන්සේ දේශනා කළා.

මොනවද ඒ පහ? තමන්ගේ අතින් තමන්ගේ අම්මා මැරෙන්න පුළුවන්. තමන්ගේ පියා මැරෙන්න පුළුවන්. රහතන් වහන්සේ නමක් ඝාතනය වෙන්න පුළුවන්. දුෂ්ට සිතින් බුදුරජුන්ගේ ලේ සොලවන්නත් පුළුවන්. ඊළඟට සංඝභේදය කෙරෙන්න පුළුවන්. මෙන්න මේවා යමෙකුගේ අතින් සිද්ධ වුනොත් සුනේ සුන්. සමහරවිට කෙනෙක්

මේ ආත්මේ පරිස්සම් වෙලා ඉඳියි. නමුත් අපි දන්නවද ඊළඟ ආත්මෙදි මොකක් වෙයිද කියලා.

නොසිතූ අර්බුද වල පැටලෙන්න පුළුවන්....

මේ ආත්මේ අපේ ජීවිත වල අපි නොසිතූ දේවල්, නොසිතූ කරදර වෙලා නැද්ද? නොසිතූ අර්බුද වල පැටලෙන්න අවස්ථා ඇති වෙලා නැද්ද? ඉතින් මේ ආත්මෙත් නොසිතූ දේවල් වෙලා තියෙද්දි ඊළඟ ආත්මේ ගැන කවර කතාද. මේ ආත්මේ අපි ආනන්තරිය පාප කර්ම ගැන ඉගෙන ගත්තු නිසා, මව්පියන්ගේ වටිනාකම් ඉගෙන ගත්තු නිසා, සංඝයාගේ සමගිය ගැන ඉගෙන ගත්තු නිසා පරිස්සම් වෙලා ඉඳියි. ඊළඟ ආත්මේ උපදින පරිසරය තුළ මේවා ගැන කවුරුත් කතා කරන්නේ නැත්නම් ගොදුරු වෙන්න බැරිද? අන්න බිහිසුණු සසර.

බුදුරජාණන් වහන්සේ තමයි මේවා කියලා දුන්නේ. මේ ලෝකෙ වෙන කිසිම කෙනෙක් දන්නෙ නෑ මේ ආනන්තරිය පාප කර්ම ගැන. කිසිම කෙනෙක් දන්නෙ නෑ මේ පව කියන එක ජීවිතේ සිද්ධ වෙන හැටි. ඒක හරි විදිහට දන්නෙ නැති වුනහම පව ගැන වැරදි විදිහට විග්‍රහ කරනවා. සමහර ආගම් වල උගන්වන්නේ තමන් අදහන ආගම ඇර වෙන ආගමකට සැලකුවොත් පව්. ඒ විදිහට පව් ගැන වැරදි විදිහට තෝරනවා. ඒ වගේ අනතුරුදායක ඉරණමක් කරා යන සුළු, හැම ආත්මෙම බේරි බේරි යන්න බැරි සසරක් තමයි අපි මේ ගත කරන්නේ.

මනුෂ්‍ය ජීවිතයක් ලැබීම දුර්ලභයි....

එහෙම යන ගමනේදි අපිට මනුස්ස ලෝකෙ උපදින්න ලැබෙනවා කියන්නේ දුර්ලභ එකක්. දෙවියන්

අතර උපදින්න ලැබෙනවා කියන්නේ දුර්ලභ එකක්. ඔය අවස්ථා දෙකේදි විතරයි පිනක් වුනත් රැස්කරගන්න පුළුවන්. දෙවියන් අතරත් පින් රැස්කරන්න පුළුවන්. ඇයි අර සක්දෙවිඳු සුජා දෙවඟන සමග වෙස් වලාගෙන ඇවිල්ලා මහා කස්සප මහ රහතන් වහන්සේට දානෙ දුන්නෙ නැද්ද? දෙවිවරු ඇවිදින් සංඝයාට උපස්ථාන කළේ නැද්ද? රුවන්වැලි මහාසෑය හදද්දි දෙවිවරු ඇවිදින් උදව් කළේ නැද්ද? එහෙනම් දෙවිවරුන්ටත් පින් කරන්න අවස්ථාව ලැබුනා. මිනිස්සුන්ටත් පින් කරන්න අවස්ථාව ලැබුනා.

අසත්පුරුෂයාගේ කටේ කෙටේරිය....

දෙවිවරු වෙලා ඉපදුනොත් බේරෙන්න පුළුවන්. මනුෂ්‍යත්වය රැකගත්තොත් බේරෙන්න පුළුවන්. දැන් බලන්න ඔබ අහලා ඇති ලාභසත්කාර මුල්කරගෙන සාරිපුත්ත මොග්ගල්ලාන අග්‍රශ්‍රාවකයන් වහන්සේලාට බැනලා උන්වහන්සේලා කෙරෙහි වෛර බැඳගෙන භික්ෂුවක් හිටියා. මොකක්ද ඒ භික්ෂුවගේ නම? කෝකාලික. වෛර බැඳගෙන, අපහාස කරලා, ගරහලා ඒ පව් එවෙලෙම විපාක දුන්නා. ඇගේ ගෙඩි දැම්මා. ඒ පාප කර්මය නිසා එයාට ඊළඟට කෙලින්ම යන්න තියෙන්නේ නිරයේ. නිරයේ යනවා කියන්නේ ආයෙ මනුස්ස ලෝකෙට එන්න තියෙන අවස්ථාවත් නැතිවෙනවා. දෙවියන් අතරට යන්න තියෙන අවස්ථාවත් නැතිවෙනවා.

මෙයාව මේ විපතින් බේරගන්න තුදු කියලා බ්‍රහ්ම රාජයෙක් පෙනී හිටලා කිව්වා (සූත්‍ර දේශනාවල මේවා තියෙන්නේ) සාරිපුත්ත මොග්ගල්ලානයන් වහන්සේලා කෙරෙහි හිත පහදවා ගන්න කිව්වා. එතකොට කෝකාලික ඇහුවා කවුද තමුසෙ? මම බ්‍රහ්ම රාජයෙක් කිව්වා.

එතකොට කෝකාලික කිව්වා 'බ්‍රහ්මරාජයෙක් නම් එහෙට වෙලා හිටපං. මට මේ මොකක්ද කියන්න ආවේ?' එතකොට ඒ තුදු බ්‍රහ්මරාජයත් 'මේ අසත්පුරුෂයාට උපදිනකොට ම කටේ කෙටේරියක්' කියලා දොස් කියලා ගියා. එතකොට බලන්න කෝකාලිකව බේරගන්න බැලුවා. බේරගන්න බැරිවුනා.

සත්වයාව සුගතියේ රඳවන්නේ පිනෙන්....

සංසාරයේ ගමන් කරන සත්වයෙකුට තමන්ව හොඳ පැත්තට හරවගන්න අවස්ථා දෙකක් තියෙනවා. එකක් මිනිස් ලෝකෙ උපත. අනික දෙවියන් අතර උපත. මේ අවස්ථා දෙකෙන් මනුස්ස ලෝකෙ දැන් අපි ඉන්නේ. මේ මනුස්ස ලෝකෙ උපත ලැබිච්ච බොහෝ අය මේ අවස්ථාව අහිමි කරගන්නවා. මේ මනුස්ස ලෝකෙ උපදින බොහෝ දෙනෙක් මනාකොට තිසරණයේ පිහිටන්න තියෙන අවස්ථාව අහිමි කරගන්නවා. ධර්මය හරි විදිහට තේරුම් ගන්න තියෙන අවස්ථාව අහිමි කරගන්නවා. පින රැස්කරගන්න තියෙන අවස්ථාව අහිමි කරගන්නවා. එහෙම අහිමි කරගත්තහම එයාට දෙවියන් අතරට යන්න තියෙන අවස්ථාවත් අහිමි වෙනවා. නැවත මනුස්ස ලෝකෙට එන්න තියෙන අවස්ථාවත් අහිමි වෙනවා.

අපි මේ පින ගැන මෙච්චර දේවල් ඉගෙන ගත්තේ සත්වයාව මනුස්ස ලෝකෙත් දිව්‍ය ලෝකෙත් දිගටම රඳවන්න උදව් වෙන්නේ පින නිසා. ඒ කියන්නේ පිනෙන් තමයි මනුස්සයා මිනිස් ලෝකේ රඳවන්නේ. වෙන දේකින් නෙමෙයි. පිනෙන් තමයි සත්වයා දිව්‍ය ලෝකේ රඳවන්නේ. මනුස්ස ලෝකේ රැඳෙන්න බෑ පින නැත්නම්. දිව්‍ය ලෝකෙ රැඳෙන්නත් බෑ පින නැත්නම්.

නරක තැනක ඉපදුනා....

දැන් බලන්න මේ පසුගිය දවස්වල ඉරාකයේ අර ත්‍රස්තවාදීන් පොඩි දරුවෝ රැස්කරලා ඒ දරුවන්ගේ අතට බෝනික්කෝ දීලා පිහි දෙනවා. දීලා එක ත්‍රස්තවාදියෙක් ඒගොල්ලෝ අත්අඩංගුවට ගත්ත කෙනෙක්ගේ බෙල්ල කපනවා අර ළමයින්ට පේන්න. පිහියෙන් බෙල්ල කපද්දි අර ළමයින්ට කියනවා මෙන්න මේ විදිහට කපාපං බෝනික්කන්ගේ බෙලි. එතකොට ඒ පොඩි එවුන් අර බෝනික්කන්ගේ බෙලි කපනවා. ඒ පොඩි දරුවන්ට ලොකු වෙලා මිනිස්සුන්ගේ බෙල්ල කපන්න උගන්වනවා.

දැක්කද නරක තැනක ඉපදුනා. ඒ නරක තැන උපදින්න ගෙනිච්චේ කවුද? එයාගේ පින් අඩුකම. මනුස්ස ලෝකෙ උපදින්න පින් තියෙනවා. හරි තැනට ගෙනියන්න පින නෑ. දැක්කද වෙනස? මනුස්ස ලෝකෙ උපදින්න පින තිබුනා. හැබැයි හරි තැන උපදින්නත් පිනක් ඕනෙ. එතකොට මනුස්ස ලෝකෙත් ඉපදිලා, හරි තැනත් ඉපදිලා එයා ඒ අවස්ථාව අතඇරියොත් එයාට සුලුපටු පරාජයක්ද? එයාට බරපතල පරාජයක්. මේ සංසාරේ යන කෙනෙකුට වෙන බරපතල හානියක්.

පිනේ නාමයෙන් ඉගෙන ගන්න දේවල්....

ඒගොල්ලෝ අර පොඩි දරුවන්ට ඒක උගන්වන්නේ පිනේ නාමයෙන්. කොහොමද ඒ? ඒගොල්ලන්ගේ ආගම විශ්වාස කරන්නේ නැති කෙනෙක්ව අල්ලගෙන මේ විදිහට බෙල්ල කපාපං. එතකොට උඹ ස්වර්ගයේ යනවා. එතකොට අර පොඩි දරුවා ඉගෙන ගන්නේ එහෙනම් මට ස්වර්ගයේ යන්න තියෙන ක්‍රමේ මොකක්ද? මිසදිටු

කියලා ඒගොල්ලෝ හිතන කෙනෙක්ව හොයාගෙන බෙල්ල කපන එකයි. යම් සමාජයක් මෙබඳු මතයක් හරියි කියලා හිතාගෙන පිළිගත්තොත් ඒ සමාජයේ ජීවත්වෙන මිනිස්සුන්ට මොනතරම් කටුක ඉරණමක්ද අයිති වෙන්නේ.

ඉතින් එහෙම පරිසරයක තමයි බුදුරජාණන් වහන්සේ ඇත්ත කියලා දෙන ධර්මය අපිට අහන්න ලැබෙන්නේ. ඔන්න අපි දැන් මනුස්ස ලෝකෙ ඉන්නවා. මනුස්ස ලෝකෙ අපේ වාසනාවට අපි හරි තැන උපන්නා. දැන් මේ කාලේ බුද්ධගයාව කියන්නෙත් හරි තැනක් නෙමෙයි. මනුස්ස ලෝකෙ තමයි. මනුස්ස ලෝකෙ උපන්නට ධර්මය කියාදෙන්න කෙනෙක් නැත්නම් (ධර්මය කියාදෙන්න හිටපු කෙනත් අපවත් වුනා) දැන් ධර්මය කියාදෙන්න කෙනෙක් නෑ. පින්පව් තේරෙනවා. පින්පව් තේරුනාට මේක පින, මේක පව කියලා ඒක විස්තර කරලා දෙන්න කෙනෙක් ඕනෙ. එහෙම කෙනෙක් හිටියොත් තමයි මේ පින පව කියන එක අපි තෝරගන්නේ.

හරි තැන උපද්දවන්නේ පිනෙන්....

පින පව හරි විදිහට තෝරලා දෙන්න කෙනෙක් නොසිටියොත් පවට අහුවෙන්න බැරිද? පින අහිමි වෙන්න බැරිද? පුළුවන්. අන්න ඒකයි මනුස්ස ලෝකෙත් හරි තැන උපදින්න අපිට ලොකු පිනක් තියෙන්න ඕනෙ. හරි තැන කියලා කියන්නේ බුදුරජාණන් වහන්සේගේ ධර්මය ඇහෙන තැන. ඊළඟට තමන්ටත් පින්පව් තේරුම් ගන්න පුළුවන්කම. තමන්ට පින්පව් තේරෙන්නෙ නැත්නම් බුදුරජාණන් වහන්සේගේ ධර්මය ඇහුනා කියලා තමන්ට ප්‍රයෝජනයක් නෑ. ඇයි තමන්ට තේරෙන්නෙ නැනේ. තමන්ට තේරෙන්න එපායැ ප්‍රයෝජනයක් වෙන්න.

හරි තැන ඉපදුනාට පස්සේ ගන්න තියෙන ප්‍රයෝජනය....

එහෙම බලද්දී මනුස්ස ලෝකයේත් හරි තැනක උපදින්න ලැබීම, ඒ වගේම දෙවියන් අතරෙත් හරි තැනක උපදින්න ලැබීම කෙනෙකුට ලැබෙන දුර්ලභ භාග්‍යයක්. මනුස්ස ලෝකෙ ඉන්න කෙනෙකුට දිව්‍ය ලෝකයට යන්න පාර හැදෙනවා පින නිසා. එතකොට හරි තැන එයාට ආයෙමත් ලැබෙනවා. මේ හරි තැනකින් ගන්න තියෙන ප්‍රයෝජනය ගැන තමයි මම අද පොඩ්ඩක් කතා කරන්න කල්පනා කළේ. මොකද ප්‍රයෝජනය හරියට අල්ලගන්න බැරි නම් ඉලක්කය වරදිනවා.

උදාහරණයක් හැටියට ගත්තොත් අපි රස්සාවක් කරන්න රස්සාවක් තෝරනවා. අපි රස්සාවක් තෝරගන්න ඉස්සෙල්ලා බලනවා අපිට ලේසියෙන් යන්න එන්න පුළුවන් තැනක්ද? අපිට පහසුවෙන් ඒ වැඩේ කරන්න පුළුවන්ද? අපිට ලැබෙන පඩිය ප්‍රමාණවත්ද? අපිට මොනවද තව ඒකෙන් ලැබෙන වෙනත් සහන? මේ ඔක්කොම බලද්දි කෙනෙකුට රස්සා දෙක තුනක් හම්බ වෙනවා. තමන් මේකෙන් තමන්ට වඩාත් හොඳ එක තෝරගන්නවා නේද? ඒ වගේ එකක් මේක.

පින යි චතුරාර්ය සත්‍යය යි දෙකම අල්ලගන්න ඕනෙ....

හැබැයි මේකේ අපිට බුදුරජාණන් වහන්සේ තෝරගන්න කරුණු දෙකක් දුන්නා. අපි ඒ දෙකම ගන්න ඕනෙ. රස්සාව වගේ නෙමෙයි. තෝරගන්න දීපු එකක් තමයි පින. ඒක අපි ගත්තා. දෙවෙනි එක චතුරාර්ය

සත්‍යය. මේ දෙකම ගන්න ඕනෙ. පිනත් අල්ලගන්න ඕනෙ. චතුරාර්ය සත්‍යයත් අල්ලගන්න ඕනෙ. පිනෙන් මොකක්ද කරන්නෙ? හරි තැනට ගෙනියනවා. හරි තැනට ගෙනියන්නෙ නැත්නම් එයා කොහොමද මේක අල්ලන්නේ? හරි තැනට ගෙනිච්චේ නැත්නම් තේරෙන්නෙ නෑ.

මට මතකයි මං මුලින්ම ඔය බුද්ධගයාවට ගිහිල්ලා එහේ තියෙනවා විෂ්ණුපාද ටෙම්පල් කියලා තැනක්. එතන තියෙන්නේ බුදුරජාණන් වහන්සේගේ සිරිපතුල. ඉතින් මම ත්‍රීවිල් එකක නැගලා ත්‍රීවිල්කාරයට කිව්වා මාව විෂ්ණුපාදය තියෙන තැනට එක්කන් යන්න කියලා. මේ මනුස්සයා මාව කොහේදෝ අස්සක එක්කන් ගිහිල්ලා ගිහිල්ලා කෝවිලක් ගාවින් නැවැත්තුවා. නවත්තලා කිව්වා මේන්න මේක කියලා. එතන දැක්ක ගමන් මං හිතුවා මේක නම් වෙන්න බෑ. මං කිව්වා ත්‍රීවිල් එකට 'යන්න එපා. හිටපං පොඩ්ඩක්' කියලා මම කෝවිලට ගිහිල්ලා ඇහුවා 'මේකද විෂ්ණුපාදය?' කියලා. 'නෑ... මේක නෙමෙයි' කිව්වා.

තමන්ව එක්කගෙන යන කෙනා හරි තැනට එක්ක නොගියොත්....?

මං ආයෙ ඒ ත්‍රීවිල් එකට ගොඩවුනා. ගොඩවෙලා කිව්වා. 'බලාපං මේ කරපු වැඩේ. මාව විෂ්ණුපාදෙට එක්කන් පලයං' කිව්වා. එතකොට කියනවා ඒක දුරයි කියලා. මං කිව්වා 'දුර ළඟ කතාවක් කිව්වද මං? මං කිව්වේ විෂ්ණුපාදෙට එක්කන් පලයං කියලා' දැන් එතකොට ඒක දුරයි, ඒකට යන්නේ නැතුව වෙන එකකට මාව බස්සලා යන්න තීරණය කළේ මමද? නෑ. අන්න දැක්කද තමන්ව එක්කගෙන යන කෙනා වැරදි තැනට එක්කන් ගියා.

මං ඒක විශ්වාස කරලා ත්‍රීවිල් එකට සල්ලි ගෙව්වා නම් සමහරවිට මං සෑහෙන්න අතරමං වෙනවා. ඇයි පාරක් තොටක් නෑ එතන.

ඊට පස්සේ මම ඒ මනුස්සයාටත් දොස් කිය කිය දැන් යනවා ඉතින්. යනකොට ඒ පාරේ ඔන්න කොඩි ගහලා තියෙනවා. 'ශ්‍රී විෂ්ණුවාය නමඃ' කියලා. ඒ ලකුණු දකිනකොට ම තේරෙනවා මේං හරි තැනට ආවා කියලා. මේ සිදුවීමෙන් මොකක්ද පැහැදිලි වෙන්නේ? තමන්ව හරි තැනට කවුරුහරි එක්කන් ගියොත් හරි. හරි තැනට එක්කන් යන්නම් කියලා වැරදි තැනකට එක්කන් ගියොත් තමන් අමාරුවේ වැටෙනවා.

හරි තැන තියෙන්නේ බුද්ධ දේශනාවේ විතරයි....

මම ඒකයි කියන්නේ හරි තැන මේ බුද්ධ දේශනාවේ විතරයි තියෙන්නේ. බුද්ධ දේශනාවෙන් තොරව හරි තැන් හොයනවයි කියන එක සැක කටයුතුයි. ඒක සැක කරන එක බොහොම ප්‍රයෝජනයි. දැන් බලන්න මම සැක කළා මේක නම් වෙන්න බෑ. මේක නෙමෙයි මම හොයපු තැන. ඒ සැක කිරීම මට වාසියක් වුනා. සැක කළයුතු තැන සැක කළයුතුයි. හැම දේම විශ්වාස කරන්න ගියොත් විශාල කරදරයක වැටෙනවා.

ඉතින් බුද්ධ දේශනා වල කෙළවරක් නැතුව විස්තර වෙනවා පින රැස්කිරීම ගැන. ඒ පින රැස්කරන්න කියලා උන්වහන්සේ පෙන්වා දෙනවා තුන් ආකාරයකින්. දානෙ දෙන්න කියනවා. දානයත් පින රැස්කරන ක්‍රමයක්. ඊළඟට සීල සංවරයේ යෙදෙන්න කියනවා. සංවරය තමයි සීලය

කියන්නේ. සීලය කියන්නේ සංවරකම. මෙතන සංවරය කියලා මං කිව්වේ දුවන්නෙ නැතිකම නෙමෙයි. කෙනෙක් දුවන්න පුළුවන්. දිව්වා කියන්නේ අසංවරයක් නෙමෙයි. හොරකම් කළා නම් අන්න ඒක අසංවරය.

බලන්න අර කොල්ලා දුවනවා සිල් අරන්....

මට මතකයි මං එක ආරණ්‍යයක ඉන්නකොට ඒ ආරණ්‍යයේ හිටියා තරුණ උපාසක කෙනෙක්. මේ තරුණයා දුවපු ගමන් ඉන්නේ. රෑට ලන්තෑරුම අරගෙන පාරේ දුවනවා කුටියට. එතකොට එක හාමුදුරු කෙනෙක් කියනවා 'බලන්න අර කොල්ලා දුවනවා සිල් අරන්' දුවන්නෙ නෑ කියලා සිල් පදයක් නෑනේ. සිල්පදවල මොනවද තියෙන්නේ? සතුන් මරන්නෙ නෑ කියලා. සොරකම් කරන්නෙ නෑ කියලා.

කෙනෙක් හිමින් හිමින් ඇවිදගෙන ගිහිල්ලා හිමීට සුද්දෙ දාන්න බැරිද? හොරකම් කරන්න බැරිද? අපි කියමු මෙතනම ඉන්නවා කෙනෙක් වාඩිවෙලා. හිමීට බැරිද කෙනෙකුගේ පර්ස් එකක් අරන් යන්න. ඒකනේ අසංවර කම. ඒ කාලෙත් මං නිදහසේ කල්පනා කළා. මං කිව්වා 'නෑ... නෑ... සිල්පද එකක්වත් කැඩිලා නෑනේ ස්වාමීනී' කියලා. පැවිද්දෙකුට නම් පැවිද්දාගේ අතපය හැසිරවීමේදී, කටයුතු කිරීමේදී සතිපට්ඨානය කියලා එකක් තියෙනවා. ඒ සතිපට්ඨානය තුළ තමයි පැවිද්දාගේ ඉරියව් සංවර කරන්නේ. එතකොට අසංවර ඉරියව් ඇති පැවිද්දෙක් දැක්ක ගමන් නුවණැත්තෙක් දන්නවා මෙයාට සතිපට්ඨානය ගැටිලාවත් නෑ කියලා.

භාවනාව කියන්නේ ගුණධර්ම දියුණු කිරීමක්....

සීලය කියන්නේ සංවරකම. සංවරකම කියන්නේ කයෙන් සිද්ධවෙන වැරදි වලින් වළකින එක. වචනයෙන් සිද්ධවෙන වැරදි වලින් වළකින එක. මේ විදිහට සංවර වීම පිනක් කියලා භාග්‍යවතුන් වහන්සේ පෙන්වා දුන්නා. ඊළඟට භාවනාව. භාවනාව කියන්නේ මනසින් ගොඩනගන එකක්. දානයක් දෙන්න යම්කිසි ප්‍රමාණයකින් පහසුයි කෙනෙකුට. සීලයත් යම්කිසි වීරියක් ගත්තොත් පුළුවනි. අමාරු මොකක්ද? මනසින් ගුණධර්ම වලට තැනක් දෙන එක.

භාවනාව කියන්නේ ගුණධර්ම දියුණු කිරීමක්. දැන් අපි මෙහෙම ගමු තවත් ඒක තේරුම් ගන්න. භාවනාව කියපු ගමන් කෙනෙකුට හිතෙන්නේ ඇස් වහගෙන වාඩි වී සිටින එකක්නෙ. ඒකේ ඇත්තක් තියෙනවනෙ. ඒක බොරු නෙමෙයි. භාවනා කරන ක්‍රමයක් ඒක. එතකොට භාවනාව කියපු ගමන් අපිට ඒක හිතට මැවිලා පේනවා. ඔය භාවනාව ඒ විදිහට හරි කෙනෙක් කරලා ඔන්න සමාධියක් උපදවනවා. භාවනාවත් එක්කම තියෙන ඊළඟ නම තමයි සමාධිය. එතකොට භාවනා කරන කෙනෙක් ගොඩක් ආසයි සමාධියක් ඇතිකරගන්න. එතකොට සමාධියත් සම්මතයි දියුණුවක් හැටියට.

දේවදත්තගේ ඉර්ධි ප්‍රාතිහාර්යය....

එතකොට දේවදත්ත ඔය සමාධිය ඉපැද්දෙව්වාද නැද්ද? ඉපැද්දෙව්වා. එතකොට ඒ සමාධියක් උපද්දවපු කෙනාට ඒ සමාධියේ රඳින්න බැරිවුනා ඇතුලෙන්

උදව් නැති නිසා. සමාධියක් උපද්දවන්නේ ඇතුලෙන්ම තමයි. නමුත් ඒක පවත්වන්න වෙන උදව්වක් ඕනෙ. දැන් ඔන්න දේවදත්ත සමාධිය ඉපැද්දෙව්වා. ධ්‍යානත් ඉපැද්දෙව්වා. උපද්දවලා ඉර්ධි ප්‍රාතිහාර්යයත් දැක්වුවා. එතකොට දේවදත්ත නිකම් කෙනෙක් නෙමෙයි. නොයෙක් ආකාරයට තමන්ගේ ස්වරූපයෙන් අයින් වෙලා වෙනස් වූ ඉර්ධි ලබන්න පුළුවන් කෙනෙක්. මෙයා ඒ ඉර්ධිය පාවිච්චි කළා තමන්ගේ පැවැත්මට. පාවිච්චි කළේ කොහොමද?

ඉස්සෙල්ලා කල්පනා කළා 'මං කාවද පහදවගන්න ඕනේ? හොඳම සල්ලිකාර අධිපතියෙක්ව පහදවගන්න ඕනෙ' කියලා අජාසත් කුමාරයාව පහදවගන්න හිතාගෙන දවසක් අජාසත් කුමාරයා තනි වෙච්ච වෙලාවේ කුමාරයාගේ ඔඩොක්කුවේ ඇඟ පුරා නයි ඔතාගත්තු කොල්ලෙක් පහළ වුනා. එතකොට මේ කුමාරයා භයවෙලා කෑගහගෙන නැගිට්ටා. නැගිටිනකොට කොල්ලා හිටගත්තා. හිටගත්තහම අජාසත් කුමාරයා වැඳගෙන ඇහුවා 'අනේ දේවතාවුන් වහන්ස, තමුන්නාන්සේ කවුද?' කියලා.

ඔක්කොම පිරිහිලා ගියා....

එතකොට කිව්වා 'නෑ... මම දෙවි කෙනෙක් නෙමෙයි. මං භික්ෂුවක්' 'අනේ කවුද තමුන්නාන්සේ?''මං දේවදත්ත' කිව්වා. එතකොට අජාසත් කුමාරයා වැඳගෙන කිව්වා 'අනේ මේ අපේ ආර්ය වූ දේවදත්තයන් වහන්සේ ද? එහෙනම් ඒ ස්වභාවයෙන් පෙනී හිටින්න' කිව්වා. පෙනී හිටියා. එහෙම ඉර්ධි ප්‍රාතිහාර්ය පාපු කෙනෙක්. යම් මොහොතක හිතුවාද 'මම භාග්‍යවතුන් වහන්සේව නැති කරලා සංඝයාගේ නායකයා වෙනවා' කියලා සිතුවිල්ල පහළ කරපු ගමන් අර ඉර්ධිය පිරිහිලා ගියා. අර ධ්‍යානය පිරිහිලා ගියා.

එහෙනම් මේ ධ්‍යාන ඉර්ධි කියන ඒවා තියෙන්නේ කුමක් මතද? ගුණයක් මතයි. එහෙනම් මේ ධර්ම මාර්ගයේ යන කෙනෙකුට ඇතුලෙන් දෙන උදව්ව මොකක්ද? ගුණවත්කම. ඇතුලෙන් දෙන උදව්ව (ගුණවත්කම) නැතුව මේක ආටෝපෙට ගන්න බෑ. මේක ගුණවත්කම නැතුව උපද්දවන්න බෑ. හැබැයි ගුණවත්කම නැතුව සමාධිය උපද්දවන්න පුළුවන්. ගුණවත්කම නැතුව ඉර්ධි ප්‍රාතිහාර්ය උපද්දවන්න පුළුවන්. නමුත් ඒක හැබෑ ලෙස දියුණු වෙන්න, පවත්වන්න මුකුත් කරන්න බෑ. දැන් පැහැදිලියි නේද කියපු එක?

මානසික දියුණුව කියලා කියන්නේ සමාධිය ම පමණක් නෙමෙයි....

දේවදත්ත ගුණවත්කමක් නැතුව සමාධියක් ඉපැද්දෙව්වා. ගුණවත්කමක් නැතුව ඉර්ධි ප්‍රාතිහාර්ය ඉපැද්දෙව්වා. ඒක බාහිර ලෝකෙ හිතුවා දියුණුවක් කියලා. කෙනෙකුට සමාධියක් හොඳට තියෙනවා කිව්වහම අදත් එයාව දියුණු කෙනෙක් හැටියට නේද සලකන්නේ? අදත් එහෙම කෙනෙක් ගැන කතා කරද්දි කියනවා 'එයා හරි දියුණුයි. සමාධියක් තියෙනවා. හොඳට සමාධියෙන් ඉන්නවා' කියලා. එතකොට ඒක සම්මත කොහොමද? මානසික දියුණුවක් හැටියට. කෙනෙක් මනින මිම්ම හැටියට අපි ඒවා ලෝකෙ සම්මත කරගෙන ඉන්නවා.

මානසික දියුණුව කියලා කියන්නේ සමාධිය ම පමණක් නෙමෙයි. දේවදත්ත ඉරිසියාවෙන් පෙළුන කෙනෙක්. කුහක කමෙන් පෙළුන කෙනෙක්. වංචාවෙන් පිරුණ කෙනෙක්. ඒ ඔක්කොම ආවනේ එළියට. මං කිව්වේ ඒකයි මොකක් හරි පෙර ආත්මේ පිනකින් දැන්

අපි මේ මනුස්ස ලෝකෙ ඉන්නවා. අපිට ධර්මයත් දැන් අහන්න ලැබෙනවා. ඒ වගේම අපි හොඳට තේරුම් අරන් ඉන්න ඕනෙ මේ ලෝකෙ හොඳ තැන් දෙකක් තියෙන බව. එකක් මනුස්ස ලෝකය. අනික දිව්‍ය ලෝකය.

මහා සාගරය සම්පූර්ණයෙන්ම සිඳිලා යනවා....

මේ ලෝක දෙකටම ගැරහීම නරක දෙයක්. ඇයි හේතුව? මේ ලෝක දෙකේම යහපත් අය පහළ වෙනවා. උතුම් අය පහළ වෙනවා. අනිත් ලෝකවල පහළ වෙන්නේ නෑ. ඒ ලෝක දෙකේ ඉපදෙන අයට තමයි පින් රැස්කරන්නත් චතුරාර්ය සත්‍යය අවබෝධ කරන්නත් අවස්ථාව උදාවෙන්නේ. බුදුරජාණන් වහන්සේ චතුරාර්ය සත්‍යය අවබෝධ කිරීමෙන් ලැබෙන ප්‍රතිලාභය ගැන මේ විදිහට දේශනා කරනවා. "මහණෙනි, මේ මහා සාගරයේ වතුර බින්දු දෙක තුනක් ඉතුරු වෙලා තියෙද්දී සමස්ත සාගර ජලය වියලී යනවා. මහණෙනි, මේකෙන් වැඩි මොන ජලයද? ඉතුරු වෙච්ච ජලයද? සිඳීගිය ජලයද?"

එතකොට භික්ෂූන් වහන්සේලා කියනවා "ස්වාමීනී, ඉතුරු වෙච්ච ජලය ඉතාමත් ස්වල්පයකි. සිඳී ගිය ජලය ඉතා විසාලයි" ඊට පස්සේ දේශනා කරනවා බුදුරජාණන් වහන්සේ "මහණෙනි, යමෙක් සෝවාන් ඵලයට පත්වෙයිද, ඔහුට විඳින්න තියෙන දුක අර ඉතුරු වෙච්ච ජලය වගෙයි. ඔහු නැති කළ දුක සාගර ජලය වගෙයි" අන්න ස්ථිර විසඳුම. බුදුරජාණන් වහන්සේ පින ගැන කියද්දී මේ දේශනාවල් කරන්නෙ නෑ. පිනෙන් කරන්නේ මොකක්ද? අපිව හරි තැනක රඳවනවා. ඔන්න අපිව දැන් මනුස්ස ලෝකෙ රැඳෙව්වා. ඊළඟට පින විසින් අපිව දිව්‍ය ලෝකයේ

රඳවනවා. මේ මනුස්ස ලෝකෙ හෝ දෙව්ලොව රැඳවීම ඒ පිනේ තල්ලුව තියෙනකම් විතරයි.

බැරිවෙලාවත් පාප මිත්‍ර ආශ්‍රයට වැටුනොත්....

බැරිවෙලාවත් පාප මිත්‍ර ආශ්‍රයට වැටිලා තමන් නොමග ගිහින් පින හරියට කරගන්න බැරිවුනොත් ඔක්කොම ඉවරයි. දැන් බලන්න හිතලා මහා ශ්‍රාවක භාවය ලබන්න පෙරුම් පුරාගෙන ආපු මුගලන් මහ රහතන් වහන්සේ එක ආත්මෙක පව්ටු මිතුරියකගේ අසුර නිසා කරගත්තු විපත. ඇස් පේන්නේ නැති අන්ධ දෙමව්පියන්ට සලකගෙන මේ තරුණ පුතා වාසය කළා. ඉතින් ගෙවල් වල හිතන්නේ කසාදෙනේ විසඳුම කියලා. දෙමව්පියෝ කියනවා 'අනේ පුතේ.... අපි ඉන්නකම් ඔයා අපිට සලකයි. අපෙන් පස්සේ ඔයාට සලකන්න කෙනෙක් නෑ. ඒ නිසා අපේ කැමැත්ත තියෙන්නේ ඔයාට මොකක් හරි කරලා දෙන්නයි' (ඇයි දෙමව්පියෝ හිතාගෙන ඉන්නේ ජීවිතේ තියෙන ලොකුම විසඳුම කසාදෙ කියලා)

මං තපසට යනවා....

ඊට පස්සේ මේ කොලුවා කියනවා 'අනේ එපා.... මං අම්මටයි තාත්තාටයි පුළුවන් හැටියට සලකගෙන ඉඳලා මං තපසට යනවා' කිව්වා. ඇයි සංසාරෙ පෙරුම් පිරූ පින් තියෙනවනෙ. තපසත් ගිහි ජීවිතය තුළ ගෞරව කරන විෂයක් නෙමෙයිනේ. තපසට යනවා කියපු ගමන් ඒගොල්ලෝ අසතුටු වුනා 'අනේ මොන තපස්ද' කියලා. අසතුටු වෙලා කිව්වා එහෙම බෑ. අපි හොයලා දෙන්නම් කිව්වා කෙල්ලක්. කියලා අර අම්මා තාත්තා දෙන්නා

මොකද කළේ? ඇස් පේන්නෙ නැති නිසා දන්නා අයට කියලා හොයාගත්තා කෙල්ලක්.

ආරංචි වුනා මෙයාට මේ කෙල්ල හොඳ කෙල්ලක් නෙමෙයි කියලා. අසතුටු වුනා. අසතුටු වුනාම අම්මයි තාත්තයි කෙල්ලට කතා කරලා කිව්වා 'දුවේ.... අපේ ළමයා කසාද වලට කැමති නෑ. අපිට හොඳට සලකලා මේ ළමයටත් හොඳට සලකලා හිත දිනාගනිං' කිව්වා. එතකොට මේ කෙල්ල ටික කාලයක් හොඳට ඉඳලා හිත දිනාගත්තා. එතකොට මේ තරුණයා හිතුවා 'මෙයා බැන්ද කාලෙට හොඳට දෙමව්පියන්ට සලකගෙන ඉදියි' කියලා.

කසාදෙට ආවේ භයානක සැතිරියක්....

බැලුවහම භයානක සැතිරියක් කසාදෙට ආවේ. බලන්න පෙරුම් පුරපු අයත් විනාස වෙනවා මේ සසරේ. මං කිව්වේ ඒකයි පින කියන එක තාවකාලික විසඳුමක් දෙන්නේ. හැබැයි පින නිසාම තමයි ඒකෙන් බේරිලා ආයෙ හොඳ තැනකට එන්නේ. ඉතින් ඒ ආත්මේ මොකද වුනේ බන්දලා දුන්නා. ටික කලයි ගියේ. ඊට පස්සේ අම්මා තාත්තා කනබොන දේවල් මේ ගෑණු ළමයා ගිහිල්ලා ගෙදර විසුරවනවා. ඉඳුල් දාලා අරයා වැඩට ගිහිල්ලා එනකොට කියනවා 'මේ බලන්න. මට වධ දෙන හැටි ඔයාගේ අම්මයි තාත්තයි. මේ බලන්න මගෙන් පලි ගන්නවා' කියලා.

ඔය වගේ එක එක උපාය කරන්න ගත්තා. එක එක උපක්‍රම කර කර ඒ පුතා ගෙදරින් පිටත් වෙච්ච ගමන් අර අම්මා තාත්තා දෙන්නට හොඳට වධ දෙනවා. පවුල කැඩෙයි කියලා ඒ අම්මා තාත්තත් ඉවසගෙන ඉන්නවා. කාලයක් ගියහම ඒ ගෑණු එක්කෙනා ටිකෙන් ටික අර

පුතාගේ හිතේ තිබ්ච්ච මව්පිය භක්තිය නැති කරන්න දක්ෂ වුනා. පින්වන්ත අයටත් වෙන දේ. මුගලන් මහරහතන් වහන්සේ කියන්නේ සංසාරේ ඒකාසංඛෙය්‍ය කල්ප ලක්ෂයක් පෙරුම් පිරුව පින් තිබුන කෙනෙක්. එහෙම මහා පින් ගොඩාක් තියාගෙනද අපි මේ යන්නේ? නෑ.

මං දැන් මොකක්ද කරන්න ඕනේ....?

ඊට පස්සේ අන්තිමට කිව්වා 'එක්කො ඔයා මේ අම්මා තාත්තත් එක්ක ඉන්න. මං යන්නම්' කියලා. ඒ වෙද්දි මේ ගෑණු එක්කෙනා අරයව වසඟ කරලා ඉවරයි. මෙයාට දැන් පවුල කඩාගන්නත් බෑ. එතකොට එයා බිරිඳගෙන් ඇහුවා 'හරි... මං දැන් මොකක්ද කරන්න ඕනෙ?' 'ඔය දෙන්නව නැති කරලා දාන්න' කිව්වා. අදටත් මේවා වෙනවද නැද්ද? අදත් වෙනවා. පින් තියෙන අය ගොදුරු වෙනවා මනුස්ස ලෝකෙට ඇවිල්ලා.

ඊට පස්සේ අම්මවයි තාත්තවයි නෑදෑ ගමනක් යමු කියලා එක්කන් ගියා. කැලේ මැද්දට ආවා දැන්. අම්ම තාත්තට ඇස් පේන්නෙ නෑනේ. මේ කොල්ලා කෑගැහුවා 'අම්මේ.... මෙන්න හොරු පැන්නා' කියලා. හොරු පැන්නෙ නෑ. මේගොල්ලෝ හොරු ගහන විදිහට දෙමව්පියන්ට ගහලා මරන්න පොලු ලෑස්ති කරන් ගියේ. කෑගහලා මේගොල්ලෝ දුවන විදිහක් ඇඟෙව්වා. එතකොට අර ඇස් දෙක අන්ධ අම්මයි තාත්තයි කෑගහලා කියනවා 'අනේ දරුවනේ, මගේ දුවටයි පුතාටයි හානි කරන්න එපා. අපිව මරාපං. මේ ළමයි දෙන්නව බේරපං' කිය කිය අම්මයි තාත්තයි වැඳගෙන කෑගහද්දි අර පුතයි ලේලියි දෙන්නමයි ඇවිල්ලා ගැහුවේ.

පිරිනිවන් පාන අවස්ථාවෙත් විපාක දුන්නා....

අම්මවයි තාත්තවයි පොලු වලින් ගහලා මරලා කැලේට දාලා ගෙදර ආවා. හිතුවා ප්‍රශ්නෙ විසඳුනා කියලා. නිරයේ ගියා. බලන්න පිරිනිවන් පාන අවස්ථාවෙත් ඒකේ විපාක දුන්නා. එතකොට බලන්න මුගලන් මහරහතන් වහන්සේ වැනි උත්තමයන්ටත් මේ සසර බිහිසුණු වුනා නම්, භයානක වුනා නම්, විසාල අනතුරු වලට බඳුන් වුනා නම්, අපිට මොකක්ද තියෙන සවිය එවැනි අනතුරු වලින් බේරෙන්න. අපිට එකම පිහිට දැන් මේ රැස්කරන්නා වූ පින් ටික. ඔය ටිකත් නැති වුනා නම් අපිට මොකුත් නෑ.

පිනෙන් හැම තිස්සෙම තාවකාලික රැකවරණයක් අපිට දෙනවා. මේ තාවකාලික රැකවරණය ගන්න අතරේ දැන් අපි සෝවාන් වෙන්න හිතාගෙන ඉන්නේ මෛත්‍රී බුද්ධ ශාසනයේ නම්, ඒ කියන්නේ අපි ස්ථිර රැකවරණයක්, ස්ථිර විසඳුමක් බලාපොරොත්තු වෙන්නේ මිනිසුන්ගේ ආයුෂ අවුරුදු අසූදාහක් ගිය කලට පහළ වෙන මෛත්‍රී බුදුන්ගේ ශාසනයේ නම් එතෙක් අපි මේ යන්නේ තාවකාලිකව පිනෙන් ලැබෙන උදව්වෙන් නේද? පිනෙන් එච්චර දුරක් අනතුරකට නොහෙලා අපිව අරගෙන යයි කියලා අපිට තියෙන සහතිකය මොකක්ද?

මේ පැහැදිලා එනවා.... මේ බැන බැන යනවා....

මෛත්‍රී බුදුරජුන් දකිනකම් මේ බිහිසුණු සසරේ අපි වෙනස් වෙන්නෙ නෑ, අපි පින තුළම රැඳිලා ඉන්නවා කියලා සහතිකයක් තමන්ට ගන්න පුළුවන් තමන් මේ

ජීවිතයේ වෙනස් නොවී හිටියා නම්. මේ පිනට එනවා මේ අතඅරිනවා. මේ පහදිනවා මේ බනිනවා. කොහොමද වෙනස් වෙන්නෙ නැත්තේ? කොච්චර වෙනස් වෙනවද? මම ම දන්නවනෙ මෙහෙට ආපු අයම කොච්චර ඉන්නවද එහෙම. මේ පැහැදිලා එනවා මේ බැනලා යනවා. අනුන් කරන පිනටත් ගරහනවා. අනුන්ගේ පින දැකලත් බැනලා යනවා.

තමන්ට ම පින තේරෙන්නෙ නැත්නම්, තමන්ට ම පින හඳුනගන්න බැරිනම් එහෙනම් අනතුර තියෙන්නේ තමන්ගෙන් පිටද? තමන් තුළමනේ. ඒ අනතුරත් එක්ක යන ගමනේ තමන්ට රැකවරණයක් තියෙනවා කියලා තමන් හිතනවා නම් ඊටත් වඩා මෝඩකමක් තවත් ඇද්ද? ඒ නිසා මෛත්‍රී බුදුරජාණන් වහන්සේගේ ශාසනය තෙක් බලාගෙන සිටීම නුවණැත්තෙකුගේ වැඩක් නෙමෙයි. මේ ගෞතම බුද්ධ ශාසනය තියෙන කාලේ. මනුස්ස ලෝකේ මේක කරගන්න අමාරු වෙන්න පුළුවනි. හැබැයි මනුස්ස ලෝකෙ හොඳට මේ පින රැස්කරගෙන එයාට දෙවියන් අතරට යන්න ලැබුනොත් එයා නිකම් ම නිකම් දෙවි කෙනෙක් නෙමෙයි.

පින රැස් කළයුත්තේ එක ඉලක්කෙකට....

එයා පිනක් අරගෙන ගියපු කෙනෙක්. මොකද දිව්‍ය ලෝකෙ යන්න බෑනේ පිනක් නැතුව. පිනක් රැස්කරගෙන ගියපු කෙනෙක්. එතකොට එයා ඒ පින රැස්කරන්න ඕනේ ඉලක්කෙකට. ආන්න ඒකයි මේ කියන්නේ. ඒ ඉලක්කෙ තමයි මේ ගෞතම බුද්ධ ශාසනයේ සෝවාන් වෙන්න ලැබීම. ඒ හොඳටම ඇති. මහ විසාල දේවල් අල්ලන්න ඕනෙ නෑ. දැන් බලන්න බුදුරජාණන් වහන්සේ පෙන්වා

දීපු මේ විසඳුම. "මහණෙනි, මේ මහා සමුද්‍රයේ ජල බිඳු දෙක තුනක් ඉතුරු වෙලා සම්පූර්ණ මහා ජලස්කන්ධය ම සිඳිලා යනවා. (එතකොට සිඳිච්ච ජලයකුත් තියෙනවා. ඉතුරු වෙච්ච ජලයකුත් තියෙනවා. ඉතුරු වෙච්ච ජලය බින්දු දෙකතුනයි) මහණෙනි, මේකෙන් වැඩි මොකක්ද? ඉතුරු වෙච්ච ජලයද? සිඳුනු ජලයද?"

එතකොට භික්ෂූන් වහන්සේලා මොකක්ද කියන්නේ? "ස්වාමීනී, භාග්‍යවතුන් වහන්ස, මහා සාගරයේ සිඳී ගිය යම් ජලයක් ඇද්ද එය අති විසාලයි. ඉතුරු වූ යම් ජලයක් ඇද්ද, ඒ බින්දු දෙක තුන ඉතාමත් ස්වල්පයයි" එතකොට බුදුරජාණන් වහන්සේ වදාළා "මහණෙනි, ඒ වගේ තමයි සෝවාන් වෙච්ච කෙනෙකුට විඳින්න ඇති යම් දුකක් ඇද්ද, එය ඉතාමත් ස්වල්පයයි. ප්‍රහාණය වී ගිය, නැති වී ගිය, සිඳී ගිය යම් දුකක් ඇද්ද, එය අති විශාලයි කියනවා.

දහම් ඇස පහළවීම කියන්නේ මහා යහපතක්....

එහෙමනම් සෝවාන් වෙච්ච කෙනෙකුට විඳින්න තියෙන්නේ වතුර බින්දු දෙක තුන වගේ ස්වල්ප වූ දුකක් නම්, නැති වී ගිය එක සාගර ජලය වගේ නම්, එතන පැහැදිලිව විසඳුමක් තියෙනවාද නැද්ද? තියෙනවා. බුදුරජාණන් වහන්සේ පෙන්වා දෙනවා **"මහත්තියෝ භික්ඛවේ ධම්මචක්ඛු පටිලාභෝ"** "මහණෙනි, මේ දහම් ඇස පහළ වෙනවා කියන්නේ මහා යහපතක්" ඔබ අහලා තියෙනවා දම්සක් පැවතුම් සූත්‍රයේ තියෙනවා **"ඉමස්මිඤ්ච පන වෙය්‍යාකරණස්මිං භඤ්ඤමානේ ආයස්මතෝ කොණ්ඩඤ්ඤස්ස විරජං වීතමලං ධම්මචක්ඛුං උදපාදි"**

අන්න විරජ වීතමල ධම්මචක්ඛුව (දහම් ඇස) පහළ වුනා කියන්නේ මහත් වූ යහපතයි කියනවා.

ඒ දහම් ඇස පහළ වුනාට පස්සේ එයාට ධර්මය පේනවනේ. එහෙමනම් අපේ ජීවිතයේ තියෙන්න ඕනේ බලාපොරොත්තුව මොකක්ද? මේ ගෞතම බුද්ධ ශාසනයේ සෝවාන් වීම. මේ ජීවිතයේ අපි ඒකට ඕන දේවල් සම්පාදනය කරගත්තොත් ඊළඟට ජීවිතයේදී බොහෝ විට සාක්ෂාත් කරන්න පුළුවන්. ඇයි බොහෝවිට කිව්වේ? අවංක කෙනෙකුට බොහෝවිට පින මෝරගෙන යන්න පුළුවන්. තමන්ගේ පුණ්‍ය බලය මේරීම මතයි ඒක තියෙන්නේ. පුණ්‍ය බලය මෝරලා නැත්නම් ඒක වෙන්නෙ නෑ.

රාහුල, ඇස අනිත්‍ය වශයෙන් බලන්න....

උදාහරණයක් මං ඔබට කියන්නම්. දවසක් රාහුල ස්වාමීන් වහන්සේ සාරිපුත්ත මහරහතන් වහන්සේ ගාවට වැඩියා. රාහුලයන් වහන්සේට සාරිපුත්ත මහරහතන් වහන්සේ වදාළා "රාහුල, ආනාපානසතිය වඩන්න" කිව්වා. දැන් මේ රාහුල ස්වාමීන් වහන්සේ දන්නෙ නෑ ආනාපානසතිය වඩන හැටි. භාග්‍යවතුන් වහන්සේ ළඟට ගියා. ගිහිල්ලා භාග්‍යවතුන් වහන්සේට වන්දනා කළා. වන්දනා කරලා ඇහුවා "ස්වාමීනී, භාග්‍යවතුන් වහන්ස, ආනාපානසතිය වඩන්නෙ කොහොමද?" කියලා ඇහුවා.

එතකොට බුදුරජාණන් වහන්සේ වදාළා "රාහුල, ඇස අනිත්‍ය වශයෙන් බලන්න. (ආනාපානසතිය ගැන කිව්වෙ නෑ. අන්තිමට තමයි ආනාපානසතිය ගැන ඒකේ විස්තර කළේ) ඇස, කන, නාසය, දිව, කය, මනස කියන

ආයතන හයේ අනිත්‍ය බලන්න කිව්වා. රාහුලයන් වහන්සේ ඒක අහගෙන ගියා. ගිහිල්ලා ඕක පුරුදු කළා. ඊට පස්සේ දවසක් බුදුරජාණන් වහන්සේ රාහුලයන් වහන්සේගේ හිත දිහා බැලුවා. බලද්දි අන්න හිතේ ප්‍රඥාව වැඩිලා. ඊට පස්සේ කිව්වා "රාහුලය, නිසීදනය (වාඩිවෙන පත්කඩය) ගන්න. අපි යං" කියලා වාඩි කරලා ධර්ම කතාවේ යෙදුනා රහත් ඵලයට පත්වුනා.

පින් තියෙන අයටත් යම්කිසි කාලයක් ගියා මෝරන්න....

එතකොට බලන්න පින් තියෙන අයටත් එහෙනම් ඒ කාලෙත් යම්කිසි කාලයක් ගියා මෝරන්න. භාග්‍යවතුන් වහන්සේගේ ඒ අවසාන ආත්මේ පුත්‍ර රත්නයක් වෙලා උපදින්න පාරමී පිරූ කෙනාටත් කාලයක් ගියා මෝරන්න. ඊළඟට මහාමොග්ගල්ලාන මහරහතන් වහන්සේ ඒකාසංඛෙය්‍ය කල්ප ලක්ෂයක් පෙරුම් පුරලා එබඳු උත්තමයාටත් ටික කාලයක් ගියා මෝරන්න. දැන් අපි මේ කාලයක් තිස්සේ මේ ධර්මය අවංකවම ඉගෙන ගන්නවා පුරුදු කරනවා. එහෙනම් ටික ටික තමයි මේක හිතේ පැලපදියම් වෙලා සකස් වෙන්නේ.

ඉතින් එහෙම ගිහිල්ලා ඒ කුසලතාත් එක්ක දෙවියන් අතර අපි උපන්නොත් අපේ ආකල්පය, අපේ අදහස, බලාපොරොත්තුව තියෙන්නේ චතුරාර්ය සත්‍යය අවබෝධ කිරිල්ල නම්, ඒ හිතේ තියෙන සකස් වෙච්ච ගුණධර්මයන්ට කුසලතාවයන්ට අනුව ඒක සිද්ධ වේවි. එහෙමයි ඒවා සිද්ධ වෙන්නේ. සමහර තුවණක්කාර වචන පාවිච්චි කරන්නේ නැති අය අපිට මුණගැහෙනවා. මට කියනවා 'අනේ මට නම් ආයෙ උපදින්න අදහසක් නෑ

හාමුදුරුවනේ' කියනවා. ඒ කියන්නේ පිරිනිවන් පාන්න එපැයි එහෙනම්. උපදින්න අදහසක් නැත්නම් පිරිනිවන් පාන්න ඕන. ගිහි ගෙදර ඉඳලා ඕක කරන්න පුළුවන්යැ. විහිලු කතානේ. මේ මහණ වෙලත් කරගන්න බැරි ඒවා.

සක්කාය දෘෂ්ටිය තුළ ඉඳලා විසඳුම් ලබන්න බෑ....

ඒ වගේ අර්ථශූන්‍ය කතා, තේරුමක් නැති අරුත්සුන් වචන කියන එකේ තේරුම මොකක්ද? ධර්මය තේරුනේ නෑ කියන එකයි. ඇයි ධර්මය තේරුන අය කියන ඒවා නෙමෙයි. ඇයි ධර්මය මොකක්ද කියන එක දන්නෙ නෑ. ධර්මය කියන එක ආත්ම දෘෂ්ටියෙන් බලලා ගන්න බෑ. ඔය වගේ කතා අයිති ආත්ම දෘෂ්ටියට. තමන්ට හිතුමනාපෙට 'මම නම් ප්‍රාර්ථනා කරන්නේ ආයෙ උපතක් මට එපා. මට මේ ජීවිතේම ඉවර කරගන්න ලැබෙන්නයි' කිය කිය කියනවා. මට එපා, මට ලැබෙන්න කියන ඒ දෙකම අයිති මොකේටද? ආත්ම දෘෂ්ටියට. සක්කාය දිට්ඨියේ ඉඳලා කොහෙන්ද විසඳුම්.

විසඳුම් ලැබෙන්න නම් සක්කාය දිට්ඨිය දුරුවෙන්න ඕනෙ. අඩුගානේ සක්කාය දෘෂ්ටිය දුරුවෙන ප්‍රතිපදාව හඳුනාගෙන ඉන්න ඕනෙ. සක්කාය දෘෂ්ටිය දුරුවෙන ප්‍රතිපදාව දන්නෙ නැත්නම්, හඳුනගත්තෙ නැත්නම් සක්කාය දෘෂ්ටිය දුරුකරන්න පුළුවන්ද? බෑනේ. සක්කාය දෘෂ්ටිය දුරුවීමයි චතුරාර්ය සත්‍යය පිළිබඳ සත්‍ය ඤාණය ඇතිවීමයි එකට වෙන්නේ. දහම් ඇස පහළ වීම කියන්නේ චතුරාර්ය සත්‍ය ගැන තියෙන සත්‍ය ඤාණය. සත්‍ය ඤාණය ඇතිවීමයි සක්කාය දෘෂ්ටිය දුරුවීමයි ඔක්කොම සිද්ධ වෙන්නෙ එකට.

අපි ආසා කළයුත්තේ සෝතාපන්න වීමටයි....

ඒකේ උපමාව කොහොමද තියෙන්නේ? කරුවල ලෝකෙක විදුලියක් කොටද්දි විදුලි එළිය කෙටිල්ලයි සම්පූර්ණ මේ පරිසරය හඳුනාගැනීමයි ඔක්කොම වෙන්නේ එකට. ඒ උපමාවක්. හැබැට විදුලි කොටනවා නෙමෙයි. ඒ වගේ තමයි මේ සත්‍යාවබෝධය කියන එක. මේ සත්‍යාවබෝධය ගැන අවංක අදහස අපිට ආවොත් ඒක අපේ විසාල පිනක්. ඒ අදහස ආවා කියන්නේ අපිට යම්කිසි දෙයක් තේරුනා කියන එකයි.

දැන් බලන්න මේ උපමාව. සාගර ජලයේ වතුර බිංදු දෙකතුනක් තිබිලා ඉතුරු ඔක්කෝම හිඳිලා ගියා කියන්නේ ඉවරනේ ප්‍රශ්නෙ. ඇයි තව තියෙන්නේ වතුර බිංදු දෙකයිනේ. ඕක හිඳිලා නොයයිද? සාගර ජලයක්ම හිඳිලා ගියා නම් අර බිංදු දෙක විතරක් හැමදෑම තියෙයිද? නෑනේ. අපි ආසා කරන්න ඕනේ එහෙනම් මොකේටද? සෝතාපන්න වීමටයි. ඊට පස්සේ ඉතුරු ටික ඔක්කෝම එයා හරිගස්ස ගනියි ටිකෙන් ටික.

සාරිපුත්ත මහ රහතන් වහන්සේ සෝවාන් ඵලයෙහි හික්මවයි....

ඒකයි සාරිපුත්ත මහ රහතන් වහන්සේ ගැන බුදුරජාණන් වහන්සේ වර්ණනා කළේ. **"සෙය්‍යථාපි භික්ඛවේ ජනෙත්ති ඒවං සාරිපුත්තෝ"** "මහණෙනි, සාරිපුත්තයන් වහන්සේ දරුවන් බිහිකරන අම්මා වගෙයි" **"සාරිපුත්තෝ භික්ඛවේ සෝතාපත්ති ඵලේ විනේති"** " මහණෙනි, සාරිපුත්තයන් සෝවාන් ඵලයට හික්මවයි" ඒක

තමයි අමාරු එක. ඒ අමාරුම එක කරගත්තට පස්සේ එයා ටිකෙන් ටික ඒ මාර්ගයේ ගමන් කරනවා.

කෙනෙකුට මේ ගෞතම බුද්ධ ශාසනය තුළ ධර්මය දියුණු කරන්න බලාපොරොත්තුවක් තියෙනවා නම්, අදහසක් තියෙනවා නම් එයා ඉස්සෙල්ලාම ඇතිකරගන්න ඕනෙ මොකක්ද? මේ ගෞතම බුද්ධ ශාසනය තුළ සෝවාන් වෙන්න ඕනේ කියන එකයි. මේ අදහස තමන්ගේ හිතේ තියෙන්න ඕනෙ. මේ ජීවිතේ දිහා විතරක් බලලා බුදුරජාණන් වහන්සේ දුක මැන්නේ නෑ. බලන්න උන්වහන්සේ දුක ගැන විස්තර කරන තැන්.

සාගර ජලයට වඩා මේ සසරේ හෙලූ කඳුළු වැඩියි....

උන්වහන්සේ ගාවට පටාචාරා දුවගෙන ආවා. සිහිය ඉපැද්දුනා. ඉපදුනාට පස්සේ පටාචාරාවට මොකක්ද කිව්වේ? "පටාචාරා, සාගර ජලයට වඩා ඔබ මේ සසරේ හෙලූ කඳුළු වැඩියි" කිව්වා. එතකොට දුක ගැන විස්තර කරන්නේ මේ අපිට ඇහැට පේන සීමාව තුළ නෙමෙයි. කෙළවරක් නැති භව ගමනක මේ දුක කරගහන් ඇවිල්ලා තියෙන්නේ. සමහර විට කෙනෙකුගේ ඉරණම එකම විදිහට හැදි හැදී යනවා. ආත්මෙන් ආත්මෙට එකම විදිහට යනවා එකම ඉරණම.

මෙහෙම ගිහිල්ලා කලාතුරකින් තමයි තිරිසන් අපායට ගියපු කෙනෙක් සුගතියට එන්නේ. නැත්නම් තිරිසන් අපායට ගියොත් ගියාමයි. පෙරේත ලෝකෙට වැටුනොත් වැටුනාමයි. නිරයකට වැටුනොත් වැටුනාමයි. අසුර ලෝකෙට වැටුනොත් වැටුනාමයි. ආයෙ ගැලවිලි

බොරු. මේ මනුස්ස ලෝකෙ ඉඳන් දිව්‍ය ලෝකෙකට අපිට පනින්න බැනේ. පැනගන්නවා කියලා එකක් කරගන්න බෑ. අපි හේතු හදන්න ඕනේ. හේතුවෙන් ඵලය හැදෙනවා. ඒකයි බුදුරජාණන් වහන්සේගේ ධර්මය හරි විදිහට තේරුම් ගත්තහම තියෙන වාසිය.

පින අතඇරලා මාර්ගය අල්ලන්න බෑ....

අපි පින අතඇරලා මාර්ගය අල්ලනවා කියන එක කරන්න බෑ. ඒක බොරු කතාවක්. පින අතඇරලා මාර්ගය අල්ලනවා කියන එක වෙන්නෙ නෑ. මාර්ගය අල්ලනකොට ම පිනත් අහුවෙනවා. පිනත් එක්කයි එයා මාර්ගයේ යන්නේ. අර කාවෙක් වෙච්ච භික්ෂුවගේ කතාව ම ගමු උදාහරණයට. බුද්ධ කාලේ භික්ෂුවක් පැවිදි වුනාට පස්සේ පිනක කතාව නෙමෙයිනේ තියෙන්නේ. මාර්ගය වඩන කතාවක්නේ. මේ කාලේ නම් අපිට කියතහැකි වෙහෙර විහාර හදනවා, වන්දනාවේ යනවා කියලා. ඒ කාලේ ඒ මුකුත් නැනේ. බුදුරජාණන් වහන්සේ බැහැදකිනවා. ධර්මය ඉගෙන ගන්නවා. ප්‍රතිපත්තිය පුරුදු කෙරිල්ල විතරයිනේ.

ඉතින් එක භික්ෂුවකට දායක පිරිසක් සිවුරක් මහගන්න රෙද්දක් පූජා කළා. ඒ භික්ෂුව ඒ රෙද්ද අක්කට ගෙනිහින් දුන්නා අරන් තියන්නෙයි කියලා. ඉතින් අක්කා ඒ රෙද්ද ගොරෝසු නිසා වංගෙඩියේ දාලා කොටලා පුළුන් කරලා ආයෙත් නූල් කැටලා තුනී වස්ත්‍රයක් හැදුවා. ටික දවසකින් අක්කව හම්බ වෙන්න මේ ස්වාමීන් වහන්සේ වැඩියා. වැඩලා කිව්වා 'අක්කේ, අර සිවුරු රෙද්ද දෙන්න. මං මේ සිවුරක් මහන්න ඉන්නේ' කිව්වා. කියලා තව පොඩි නමලත් එක්කගෙන අර රෙද්ද කපලා සිවුර මහනවා දැන්.

රෑ වාත අමාරුවක් හැදිලා අපවත් වුනා....

අක්කා දානමාන හදාගෙන ගේනවා උන්වහන්සේ වැඩ හිටපු තැනට. දැන් ඔන්න සිවුර මහලා පඬු පොවලා සිවුර හොඳට හදලා කුටියේ වැලේ දැම්මා 'හෙට මං මේ සිවුර පොරවනවා' කියලා හිතලා. කවුද හිතන්නේ ඕකට හිත බැඳෙයි කියලා. රෑ වාත අමාරුවක් හැදිලා මේ භික්ෂුව අපවත් වුනා. උපන්නෙ කොහෙද? අර සිවුරේ කාවෙක් වුනා. අපි කියමු කෙනෙක් ආසයි කෑමක් කන්න. ඔන්න අද ගෙනාවා. ගෙනල්ලා ෆ්‍රිජ් එකේ දැම්මා හෙට කන්නම් කියලා. රෑ මලා. එතකොට බැරිවෙලාවත් මැරෙන වෙලාවේ අර කෑම මතක් වුනොත් උපදින්නේ කොහේද? මං මේ කියන්නේ මේකේ තියෙන අවිනිශ්චිතකම. වෙනස්වන සුළුබව.

අක්කා උදේ බලද්දි තමන්ගේ මල්ලි ස්වාමීන් වහන්සේ අපවත් වෙලා. ඉතින් අඬාදොඩා අවසන් කටයුතු කළා. සැවැත් නුවර තමයි මේ සිද්ධිය වුනේ. බුදුරජාණන් වහන්සේ වැඩසිටියෙත් සැවැත් නුවර. අයිතිකාරයා අපවත් වෙලා නිසා දැන් අර සිවුර සංඝයාට පූජා කරන්නයි හදන්නේ. ඔන්න සිවුර අරගෙන මේසේ උඩින් තිබ්බා. එතකොට අර කාවා සිවුර අස්සේ කෑගගහ යනවා. 'මා සන්තක දේ ගන්නවා.... මා සන්තක දේ ගන්නවා....' කියලා.

සතියක් යනකම් ගන්න එපා කිව්වා....

වාසනාවට බුදුරජාණන් වහන්සේ වැඩසිටිය නිසා උන්වහන්සේට මේ කාරණය ඇහුනා. ඇහිලා පණිවිඩයක් ඇරියා 'වහාම සිවුර තිබ්බච තැනම තියන්න. සතියක්

යනකම් ගන්න එපා' කිව්වා. ඒ වෙද්දි ඒ පරිසරය අනුව කවුරුත් හිතන්න ඇති මෙයා හොඳ තැනක යන්න ඇති. මගඵල ලබන්න ඇති. ඔය වගේ මොනවහරි කතන්දර යන්න ඇති. ඊට පස්සේ දවස් හත ඉවර වුනා. බුදුරජාණන් වහන්සේ පණිඩියක් ඇරියා 'ආ.... දැන් ඒ සිවුර අරන් පාවිච්චි කරන්න' කියලා.

භික්ෂූන් වහන්සේලා ගිහිල්ලා ඇහැව්වා 'භාග්‍යවතුන් වහන්ස, අර සිවුර දවස් හතක් යනකම් ගන්න එපා කිව්වේ කාරණය මොකක්ද?' එතකොට කිව්වා "මහණෙනි, අර අපවත් වෙච්ච භික්ෂුව කාවෙක් වෙලා හිටියා ඒ සිවුරේ. ඒ සිවුර ගන්නකොට ද්වේෂ සිතක් පහළ වුනා ඒ කාවාගේ හිතේ මේ මා සන්තක දේ පැහැර ගන්නවා කියලා. ඒක ගත්තා නම් ඒක ලැබෙන්නේ රහතුන්ගේ අතට. එතකොට ඒ ද්වේශ සිතට බඳුන් වෙන්නේ රහතන් වහන්සේලා. ඒ හේතුව නිසා ඒ කාවා නිරයේ යන්න තිබුනා. ඒක වළක්වන්නයි මේක කළේ. දැන් ඒ භික්ෂුව තුසිතයේ ඉපදිලා ඉන්නවා' කිව්වා.

සුගතියේ යන්න පින තියෙන අය ඇලීම් ගැටීම් නිසා කොච්චර පහළට වැටෙනවද?

දැන් බලන්න තුසිතේ යන්න පින් තිබිච්ච එක්කෙනා දවස් කීපෙකට හරි නැවතිච්ච තැන. ඒ භික්ෂුවට හිතූ ප්‍රමාණයකට මාර්ගය වැඩුනෙ නැහැනේ තමන් මහන්සි ගත්තා කියලා. හැබැයි ඒ මහන්සියේ ප්‍රතිඵලේ නොතිබුනේ නෑ. ඇයි දිව්‍ය ලෝකෙ ඉපැද්දෙව්වා. තුසිතෙට ගියා. ඊට පස්සේ ඒ දෙවියා සෝවාන් ඵලයට පත්වුනා. ප්‍රශ්නෙට උත්තරේ හම්බ වුනේ නැද්ද? පැවිදි වෙලා හිටිය ආත්මේ

උත්තරේ ලැබුනේ නෑ. නමුත් ඒ පින උත්තරේ ලැබෙන තැනකට තමන්ව අරගෙන ගියා.

ඒක වළකින්න ගියා අර ඇල්ම කියන පුංචි සිදුරෙන්. ඔය වගේ මරණින් මත්තේ හොඳ තැන්වලට යන්න පින් තියෙන අය මේ ඇල්ම කියන එකෙන්, එහෙම නැත්නම් මේ ගැටීම කියන එකෙන් පහළට වැටිලා කොච්චර අමාරුවේ වැටිච්ච අය ඇද්ද මේ සසරේ. මරණින් මත්තේ හොඳ තැන්වලට යන්න පුළුවන්කම තියෙන අය පොඩි දේවල් වලට ඇලිලා කොච්චර වැටිලා ඇද්ද පල්ලෙහාට. ඒක තමයි මේ පින තිබුනාට චතුරාර්ය සත්‍යය අවබෝධ නොකිරීමෙන් තියෙන අනතුර.

චතුරාර්ය සත්‍යය අවබෝධ කිරීමෙන් තොරව ස්ථිර විසඳුමක් නෑ....

එහෙනම් ඒකාන්ත විශ්වාසෙකට යන්න ඕන අපි චතුරාර්ය සත්‍යය අවබෝධ කිරීමෙන් තොරව අපිට ස්ථිර විසඳුමක් නම් නෑ කියලා. ඊළඟට ඉස්සරහට එන්න එන්න පැහැදිලිවම මේ මනුස්ස ලෝකයේ ගුණධර්මයන්ගේ පරිහානියක් තියෙනවා. මොනවද ගුණධර්ම පරිහානියේ ලකුණු? නීතියකට ගරු කරන්නෙ නෑ. යහපත් පැවැත්මකට උදව්වක් නෑ. කලබලයි. ක්ෂණයෙන් ආවේගයට පත්වෙනවා. ආවේගයට පත්වුනාට පස්සේ ඒ පුද්ගලයාව හසුරුවන්නේ ආවේගයෙන්. ආවේගශීලී සමාජයක නීතියකට කිසිම තැනක් නෑ. එතන ඉඳලා ගුණධර්ම ගැන කතා කරන්න බෑ. එහෙම ලෝකයක් තමයි දැන් හැදිලා තියෙන්නේ.

මේක තමන්ටමම තේරෙන්න ඕන....

ඒ නිසා වර්තමාන මනුෂ්‍යයෙකුට දෙවියන් අතර උපදිනවා කියන්නෙත් ලොකු අභියෝගයක්. එච්චරටම එයාගේ මනුස්ස සිත සකස් වෙලා නෑ. ඒ විදිහට මනුස්ස සිත පිළියෙල වෙන්න නම් 'චතුරාර්ය සත්‍යය අවබෝධ කිරීමෙන් තොරව මට මේකේ විසඳුමක් නෑ' කියන එක තමන්ට තදේට තේරිලා තියෙන්න ඕනෙ. ඒක අපි කියලා නෙමෙයි. අපි කිව්වොත් යන්නෙ කොහොමද? 'චතුරාර්ය සත්‍යය අවබෝධ කිරීමෙන් තොරව විසඳුමක් නෑ කියලා ස්වාමීන් වහන්සේ කිව්වා' එතකොට ඒක කෙනෙකුගේ ප්‍රවෘත්තියක්. තවත් කෙනෙක් කියපු එකක් මතක හිටලා.

එහෙම නෙමෙයි වෙන්න ඕනෙ. තමන්ට තේරෙන්න ඕනෙ තමන්ට විසඳුමක් නෑ කියලා. තමන්ට තේරෙන්නෙ නැත්නම් තමන් කොහොමද මේක හොයාගෙන යන්නේ. තමන් ධර්ම මාර්ගයේ හැසිරෙන්නෙ නෑනේ මේක තමන්ට තේරුනේ නැත්නම්. ඊට පස්සේ කියයි 'ස්වාමීන් වහන්සේ කිව්වා චතුරාර්ය සත්‍යය අවබෝධයෙන් තොරව විසඳුමක් නෑ' කියලා. එතකොට ඒක වෙනත් කෙනෙකුගේ කීමක්. ඒක තමන්ගේ එකක් නෙමෙයි. එහෙම නෙමෙයි වෙන්න ඕනෙ. මේ බුද්ධ දේශනා අනුසාරයෙන් තමන් එන්න ඕනෙ තීරණයට. තමන් තීරණයට එනතුරු විසඳුම තමන් තුළ වැඩ කරන්නෙ නෑ. තමන් තුළ විසඳුම වැඩ කරන්න ගන්නේ තමන් ගන්න තීරණය මතයි.

සසරට ඇදිලා යන්නේ ඒ හේතුව නිසයි....

ඇයි චේතනාව නෙමෙයිද කර්මය? එතකොට තමන් තුළම චේතනාව පහළ වෙන්න එපැයි. එහෙම නැතුව

මේක කොපි ගහන්න බෑ. චතුරාර්ය සත්‍යාවබෝධයෙන් තොරව මගේ මේ ප්‍රශ්නෙට විසඳුමක් නෑ කියලා තමන්ට තේරෙන මට්ටමට තමන් දහම් කරුණු එකතු කරගෙන තියෙන්න ඕනෙ. බුදුරජාණන් වහන්සේගේ බුද්ධ දේශනා ආශ්‍රයෙන් සසර දුක වටහාගැනීමට උත්සාහය ඇතිකරගන්න ඕනෙ.

මොකද අපේ හිතේ ස්වභාවය තමයි ලස්සනට ඉන්න ආසයි. රසවත් කෑම කන්න ආසයි. ලස්සන ගෙයක් දොරක් හදාගෙන ඉන්න ආසයි. ලස්සනට දරුමල්ලන් පිරිවරාගෙන කරදයක් නැතුව ඉන්න ආසයි. ඔය අතරේ ගමන් බිමන් යන්න ආසයි. ඇහෙන් ප්‍රියමනාප රූප දකින්න ආසයි. කනෙන් ප්‍රිය මනාප ශබ්ද අහන්න ආසයි. නාසයෙන් ප්‍රියමනාප සුවඳ දැනගන්න ආසයි. දිවෙන් ප්‍රියමනාප රස විඳින්න ආසයි. කයෙන් ප්‍රියමනාප පහස ලබන්න ආසයි. මේ අරමුණු වැළඳගෙන ඒ ගැනම හිත හිත ඉන්න ආසයි. මේ ස්වභාවය නිසයි අපි මේ සසරට ඇදිලා යන්නේ.

මිනිස්සු විඳින දුක් කන්දරාව....

ඒ ඇදිලා යන එක අපිට එක එල්ලේ නවත්තගන්න බෑ. ඒ අතරේ ලොකු දුකක් මේ සත්වයා විඳිනවා. කායික දුක් විඳිනවා. මානසික දුක් විඳිනවා. ප්‍රියයන්ගෙන් වෙන් වීමේ දුකත් විඳිනවා. අප්‍රියයන් හා එක්වීමේ දුකත් විඳිනවා. මරණ දුකත් විඳිනවා. සෝක දුකත් විඳිනවා. හදිසි අනතුරු, සතුරු කරදර මේවායෙනුත් දුක් විඳිනවා. නොයෙක් ආකාරයට දුක් විඳිනවා. එතකොට මේ මනුස්ස ලෝකෙත් අපිට හිතන්න බැරි දරුණු දුක් මනුස්සයන්ට අයිති වෙනවා. සත්ව ලෝකේ සත්වයන්ට හිතන්න බැරි දරුණු දුක් අයිති වෙනවා. අපිට අනිත් ලෝක පේන්නෙ නෑ.

දැන් බලන්න මේ ඊයේ පෙරේදා ඉතාලියට හරි ග්‍රීසියට හරි කිට්ටුව මුහුද මැද්දේ බෝට්ටුවක් ගිලෙද්දි ඒ නිලධාරීන් ටිකක් අහක බලාගෙන ඉන්නවා ගිලෙන්න ඇරලා. ඔය සිරියාවෙන් අසරණ වෙච්ච අය පවුල් පිටින් අම්මලා, බඩදරු අම්මලා, කිරිදරුවෝ වඩාගෙන තව චූටි ළමයි එක්ක රැකවරණ හොයාගෙන බෝට්ටු වල නැගලා වෙන රටවල් වලට යද්දි බෝට්ටු පිටින් මුහුද මැද ගිලෙනවා. මේ ජීවිතේ මිනිස්සු පිහිටක් හොයාගෙන දුවද්දි මේ වෙන්නේ. කෙළවරක් නෑ මිනිස්සුන්ට වෙන දුක.

ඔය අතරේ තව කට්ටියක් විනෝද වෙවී ඉන්නවා....

ඒ අතරේ තව කට්ටියක් නොයෙක් තරඟ තියනවා. රූප රැජිණි තෝරනවා. ක්‍රිකට් ගහනවා. මැජික් පෙන්වනවා. මේවත් ඒ අස්සේ යනවා. මේ ඔක්කෝම මැද්දෙන් මිනිස්සු ආස කරන්නේ මොකේටද? තමන්ට ආශ්වාදය ලබාදෙන්නේ යමක්ද, සතුට උපද්දවා දෙන්නේ යමක්ද ඒක බල බලා ඉන්න තමයි හිත ආසා. ඒ ආසා කරන දේට ඇතුලෙන් අර දුක කියන එකත් තියෙනවා. 'මට නම් මේ දුක නැවත නැවත විඳින්න බෑ' කියලා තමන්ගේ හිත තුළින් තමන්ට තීරණයකට එන්න නම් තමන්ට දුක ගැන යම්කිසි වැටහීමක් ඇතිවෙන්න ඕනෙ. ඒ වැටහීම නිතරම ඒ විදිහටම තියෙයි කියලා මං විශ්වාස කරන්නෙ නෑ.

මෙහෙම සසරකද දිගින් දිගට යන්නේ....

ඇයි නිතරම හැමතිස්සේම මේ මායාකාරී ලෝකෙ පෙන්වන්නේ වෙනින් දෙයක් නෙ. නමුත් ඒ පෙන්නන

දේ ඇතුලෙන් ඇත්ත දකින්න හිත පුරුදු වුනහම ටික ටික එයා දක්ෂ වෙනවා සසර දුක දකින්න. ඒ සසර දුක දකින දකින, තේරුම් යන යන වෙලාවට මොකක්ද එයාට ඇතිවෙන දේ? එයා කළකිරෙනවා 'අනේ මෙහෙම සසරකද මෙච්චර කල් මං මේ ආවේ. මෙහෙම සසරකද මට දිගින් දිගට යන්න තියෙන්නේ. මෙහෙම සසරක මම මොනතරම් කර්ම රැස්කරලා ඇද්ද. මං මොනතරම් කර්ම විපාක විඳ විඳ ඇද්ද' කියලා.

ඊට පස්සේ තමයි එයාට එන්නේ 'මට විසඳුමක් නම් නෑ මේකේ චතුරාර්ය සත්‍යය අවබෝධ කිරීමෙන් තොරව' කියලා. තමන්ටමයි මේක තේරෙන්න ඕන. වෙන කෙනෙකුට නෙමෙයි. ඊට පස්සේ තමයි තමන් තේරුම් ගන්නේ තමන් මේ වටහාගන්න ප්‍රමාණයේ අඩුවැඩිය. තේරුම් අරගෙන ඊට පස්සේ එයා කල්පනා කරනවා 'මේක දියුණු කරගන්න කලින් බැරිවෙලාවත් මං මැරිලා ආයෙ මෙහෙට ආවොත් නම් මට මොකුත් කරගන්න බෑ. මම දෙවියන් අතරට යනවා' කියලා. අන්න එතකොට දේවතානුස්සතිය නිකම්ම වැඩෙනවා එයාට. සේඛබල එයා හොඳට අල්ලගන්නවා ඊට පස්සේ.

මේවා කෘතිමව ඇතිකර ගන්න බෑ....

එයා දෙවියන් අතරට යතොත් යන්නේ අර හැකියාවල් එක්කයි. ඊට පස්සේ එයා එතනදිත් හොයන්න ගන්නවා මේකෙන් මිදෙන්න තියෙන මාර්ගය. මේවා හිතේ පැලපදියම් වෙන්නෙ නැතුව අපිට ඒක කෘතිම විදිහට ඇතිකරගන්න බෑ. කෘතිම විදිහට ඇතිකරගන්න දෙයක් පවතින්නෙ නෑ. ඒක නැතිවෙලා යනවා. ස්වභාවිකව හැදෙන එකක් තමයි ටික ටික හැදෙන්නේ.

කෙනෙක් හැබෑ ලෙස මුළා නොවී සෝවාන් මාර්ගයේ ගමන් කළොත් සෝවාන් ඵලයට පත්වෙනවා. සෝවාන් ඵලයට පත්වුනොත් එයාට සක්කාය දිට්ඨී, විචිකිච්ඡා, සීලබ්බත පරාමාස නැතිවෙනවා. එතකොට එයාට සක්කාය දිට්ඨියෙන් තොරව හේතුඵල වශයෙන් බලන හැකියාව ඇතිවෙයි. එහෙම වුනොත් ටිකෙන් ටික එයා ඒ විදිහට හිත හිත යයි. ආයෙ එයාව අමුතුවෙන් කවුරුවත් දක්කන්න දෙයක් නෑ.

අනතුර තියෙන්නේ ඊට මෙහා....

අනතුර තියෙන්නේ මේ ධර්ම මාර්ගයට යොමු නොවී සිටින තාක්. මේ ජීවිතේ මෙහෙම පින රැස්කරගෙන හිටියට ඊළඟ ජීවිතේ මිත්‍යා දෘෂ්ටියට අහුවෙන්න පුළුවන්. එක උපාසක කෙනෙක් ජේතවනාරාමයේ සතියක් සිල් සමාදන් වෙලා හිටියා. පාන්දර ජාමේ අචිරවතී ගඟට ගියා මූණ හෝදන්න. ටික වෙලාවකින් සාමණේරයන් වහන්සේලාත් කල ගෙඩි අරන් පැන් අරන් එන්න ගඟට ගියා. යනකොට මේ උපාසක උන්නැහේ මැරිලා. කොහොමද බැලුවහම ගහලා මරලා.

කොහොමද ගහලා මරලා තියෙන්නේ ඒ උපාසක උන්නැහේ තනියම එතනට යද්දි හොරෙක් දුවගෙන එනවා ආභරණයක් හොරකම් කරගෙන. හොරා මෙතන ආභරණය අතඇරලා දුවනවා. මිනිස්සු ඇවිල්ලා මේ උපාසකව හොරා කියලා හිතාගෙන ගහලා යනවා ආභරණයත් අරගෙන. බුදුරජාණන් වහන්සේ ළඟට මේ සාමණේර නමලා ගියා. ගිහිල්ලා කිව්වා 'භාග්‍යවතුන් වහන්ස, සතියක් මේ උපාසක සිල් අරන් මෙහේ හිටියා. අද පාන්දරින් ගිහිල්ලා අචිරවතියට. මේ නොකළ

හොරකමකට අහුවෙලා මිනිස්සු ගහලා මරලා' කිව්වා. එතකොට බුදුරජාණන් වහන්සේ වදාළා "මහණෙනි, මේ ආත්මේ නම් මේ වෙච්ච විදිහ හරි නෑ තමයි. නමුත් මේක එයාම කරගත්තු එකක් පෙර ආත්මෙක"

ආත්මභාව පන්සීයක් හිස්ගැසුම් කෑවා....

එතකොට බලන්න මේ සංසාරේ එන දේවල් මනුස්සයන්ට හිතන්න බැරි විදිහට එක එක විදිහට එක එක ආත්මෙට කැරකි කැරකී එනවා. ඒ උපාසක ඒ වෙද්දි චතුරාර්ය සත්‍යය අවබෝධ කරගෙන හිටියා නම් ප්‍රශ්නෙ ඉවර නැද්ද? ඉවරයි. නැත්නම් කෙළවරක් නෑ. තව අවස්ථාවක් තියෙනවා එක බ්‍රාහ්මණයෙක් යාගයකට එළුවෙක් මරන්න ගෙනාවා. එළුවා ගෙනල්ලා ඒ බ්‍රාහ්මණයා සේවකයන්ට කිව්වා 'ගඟට ගෙනිහිල්ලා මේකව හොඳට නාවගෙන මල් මාලයක් දාලා අරන් වරෙන් යාගෙට මරන්න' කියලා.

ඉතින් ගඟට ගිහිල්ලා එළුවා නෑව්වා. නාවලා ගොඩින් තිබ්බහම එළුවා හිනාවුනා. ටිකක් වෙලා යනකොට එළුවා ඇඬුවා. ඊට පස්සේ මේගොල්ලෝ එළුවව එක්කන් ගිහිල්ලා කිව්වා 'හරි වැඩේ බ්‍රාහ්මණතුමනි, මේ එළුවා එක පාරට හිනාවුනා. ඊට පස්සේ ඇඬුවා' කිව්වා. බ්‍රාහ්මණයා එළුවා ගෙනල්ලා ඇහුවා 'එළුවෝ මොකද මෙහෙම කළේ?' කියලා. ඉතින් කිව්වා 'බමුණ, මම මීට ආත්මභාව පන්සීයකට කලින් අපේ ගෙදරට යාළුවෝ ආවා. මං පාටියක් දාන්න එළුවෙක් මැරුවා. මරලා මේ යාළුවන්ට කන්න දුන්නා. ඒ ආත්මෙන් පස්සේ මට මනුෂ්‍ය ආත්මයක් හම්බ වුනේ නෑ. උපනුපන් ආත්මේ මගේ බෙල්ල කැපුවා. මේ ආත්මේ මගේ පන්සියවෙනි

ආත්මේ. මේකෙන් පස්සේ මගේ ඒ කර්මය ඉවරයි. ඒකයි මට හිනාගියේ'

මට අයිති වෙච්ච ඉරණම අද ඉඳන් ඔබට අයිති වෙනවා....

එතකොට ඇහුවා 'එහෙනම් ඇඬුවේ මොකෝ?' 'මට අයිති වෙච්ච ඉරණම මාව මැරුවට පස්සේ අද ඉඳන් උඹට අයිති වෙනවා. ඒක දැකලයි මං මේ ඇඬුවේ' කිව්වා. එතකොට බ්‍රාහ්මණයා කිව්වා 'එහෙනම් එළුවෝ උඹව මං අද නිදහස් කරනවා මරණයෙන්. අභය දානය දෙනවා' කියලා. එළුවා කියනවා 'ඒක හරියන්නේ නෑ. අදින් මගේ ආයුෂ ඉවරයි. මට මූණ දෙන්න වෙනවාමයි මේ කරුමෙට' කිව්වා. 'නෑ නෑ එහෙම වෙන්න දෙන්නෙ නෑ. අපි බේරනවා' කියලා අර සේවකයන්ට කතා කරලා කිව්වා 'මේ එළුවට අත තියන්න එපා. මේ එළුවාට ආදරෙන් සලකාපං. මම අභය දානය දුන්නා' කිව්වා.

දැන් එළුවත් එක්කගෙන වනාන්තරේ මැදින් යද්දි ගල් තලාවක පොඩි පඳුරක් තිබුනා. එළුවා මේ පඳුර ළඟට ගිහිල්ලා එතන තිබ්බිච්ච තව ගලකට කකුල් දෙක තියලා ඉස්සිලා ඒ ගහේ කොළ කකා හිටියා. එතකොට ම අකුණක් ගැහුවා. අකුණ අර ගලට වැදිලා පතුරක් ගැලවිලා විසිවුනා. ඒක අර එළුවගේ බෙල්ලට වැදිලා බෙල්ල කැපිලා මැරුනා. මේ කර්මය කියන එක පස්සෙන් එද්දි පින යටපත් කරන් විපාක එනවා. පින මැඩගෙන විපාක එනවා. පින මැඩගෙන විපාක එන එක අහන්නත් දෙයක්ද, මුගලන් මහරහතන් වහන්සේගේ රහත් ඵලයත් මැඩගෙන ගියානේ කර්ම විපාකය. දැක්කද උන්වහන්සේ පිරිනිවන් පාපු හැටි.

සෝතාපන්න වීමෙන් ලැබෙන රැකවරණය....

එබඳු ලෝකෙක ස්ථිරවම අපට තියෙන විසඳුම මොකක්ද? සෝවාන් ඵලය. බුදුරජාණන් වහන්සේ තව උපමා ගොඩාක් දේශනා කරනවා "මහණෙනි, හිමාල පර්වතය නැති වෙලා ගිහින් එතන පර්වතය වෙනුවට ඉතුරු වෙනවා මුං ඇට ප්‍රමාණයේ ගල් කැට හතක්. මහණෙනි, නැතිවෙලා ගිය හිමාල පර්වතයද විශාල? අර ඉතුරු වෙච්ච මුං ඇට ප්‍රමාණයේ ගල්කැට හතද?" ඉතින් භික්ෂූන් වහන්සේලා කියනවා "භාග්‍යවතුන් වහන්ස, මේ ඉතුරු වෙච්ච මුං ඇට ප්‍රමාණයේ ගල්කැට හත ඉතාම ස්වල්පයයි. අර නැතිවෙච්ච හිමාල පර්වතය අති විශාලයි"

එතකොට බුදුරජාණන් වහන්සේ වදාළා "මහණෙනි, ඒ වගේ තමයි සෝවාන් ඵලයට පත්වුනොත් එයාට විඳින්න තියෙන දුක මුං ඇට ප්‍රමාණයේ ගල්කැට හත වගෙයි. එයා නැතිකරපු දුක හිමාල පර්වතය වගෙයි" ඊළඟට දේශනා කරනවා "මහණෙනි, පුරුෂයෙක් සාගර ජලයට ඇඟිල්ල දාලා වතුර බින්දු දෙකක් ගොඩට ගන්නවා. ගොඩාක් වතුර තියෙන්නේ මොකේද? ගොඩට ගත්තු වතුර බින්දු දෙකේද? සාගර ජලයේද?" භික්ෂූන් වහන්සේලා පිළිතුරු දෙනවා "භාග්‍යවතුන් වහන්ස, ගොඩට ගත්තු නැති සාගරයේ ඇති ජලස්කන්ධය අති විසාලයි. ගොඩට ගත්තු ජලය ඉතා ස්වල්පයයි"

නියසිලට ගත් පස් ස්වල්පය....

බුදුරජාණන් වහන්සේ වදාළා "මහණෙනි, ඒ වගේ තමයි යම්කිසි කෙනෙකුට (ධම්ම චක්ඛු) දහම් ඇස

ලැබිලා එයාට උපදින්න තියෙන්නේ ආත්ම හතක් නම් ඒ ආත්ම හතේ දුක අර ගොඩට ගත්තු වතුර බින්දු දෙක වගෙයි. එයාගේ නැතිවෙච්ච දුක අර සාගරයේ ඇති මහා ජලස්කන්ධය වගෙයි" කියනවා. තව දවසක් උන්වහන්සේ නියපොත්තට පස් බිඳක් අරන් අහනවා "මහණෙනි, මං මේ නියපොත්තට පස් බිඳක් ගත්තා. මම මේ නියපොත්තට ගත්තු පස්බිඳද වැඩි. මහා පොළවේ පස්ද?" ඉතින් කියනවා "භාග්‍යවතුන් වහන්ස, මේ මහා පොළවේ පස් ප්‍රමාණය අති විසාලයි. නියපොත්තට ගත්තු පස් ප්‍රමාණය ඉතාමත්ම ස්වල්පයයි"

අනේ මේ දුකින් නිදහස් වෙන්නේ කවද්ද?

"මහණෙනි, මේ වගේ තමයි යම්කිසි කෙනෙක් චතුරාර්ය සත්‍ය දර්ශනය එහෙමත් නැත්නම් සත්‍ය ඥාණයට පැමිණිලා දහම් ඇස ලබාගත්තද එයා නැතිකරපු දුක මහා පොළව වගෙයි. එයාට විඳින්න තියෙන දුක නියපොත්තට ගත්තු පස් ටික වගෙයි" මනුස්ස ජීවිතේ කරදර එද්දි ඔබට මෙහෙම සිතිවිල්ලක් එන්නෙ නැද්ද 'අනේ අපි මේ දුකෙන් නිදහස් වෙන්නේ කවද්ද' කියලා? එනවා. මේ සිතිවිල්ල එන්නෙ නැත්නම් එයාට දුක තේරෙන්නෙ නෑ. ඉතින් මේ සිතිවිල්ල එනකොට අපිට යන එන මං නෑ.

මේ දුකින් අපිට දුවලා බේරෙන්න පුළුවන් නම් අපි දුවන්න පටන් අරන් ගොඩක් කල් නැද්ද? දුවලා බේරෙන්න බෑ. විඳවලා ඉවරයකුත් නෑ. විඳවලා බේරෙන්නත් බෑ. ඇයි විඳවිල්ලෙත් තියෙන්න එපැයි සීමාවක්. සීමාවක් නෑ මේ විඳවිල්ලේ. එතකොට ඒ විඳව විඳව යන දුක ඉවර වෙන්න පටන් ගන්නේ සෝවාන් වෙච්ච දවසටයි. මේ උපමා

ආශ්‍රයෙන් ඔබට ඒක තේරුනාද? බුදුරජාණන් වහන්සේ වදාල මේ නියපොත්තට පස් චුට්ටක් ගත්තු උපමාව, සාගර ජලයේ උපමාව, හිමාල පර්වතයේ උපමාව මේ උපමා ආශ්‍රයෙන් ඔබට තේරෙන්නෙ නැද්ද මේ දුකින් නිදහස් වෙන්න ඕන කෙනෙකුට උත්තරේ තියෙන්නේ කොහෙද? සෝවාන් වීම තුළ තමයි එයාට උත්තරය තියෙන්නේ.

පුද්ගලයෙකුට තව පුද්ගලයෙක්ව සෝවාන් කරන්න බැහැ....

ඔබට කවුරුහරි කිව්වොත් 'මම සෝවාන් කරන්නම්. භය වෙන්න එපා' කියලා. ඒක සැක කටයුතුයි. පුද්ගලයෙක් පුද්ගලයෙකුව සෝවාන් කිරීමක් නෑ. ඒක ධර්මයක් විසින් කරන දෙයක්. පුද්ගලයෙක් කරන එකක් නෙමෙයි. පුද්ගලයෙක් පුද්ගලයෙක්ව සෝවාන් කරනවා නම් එහෙනම් ඒ මාර්ගඵල පුද්ගල ප්‍රතිබද්ධයි. ධර්මයට ප්‍රතිබද්ධ එකක් නෙමෙයි. ඒ කියන්නේ ඔන්න මම කෙනෙක්ව සෝවාන් කළා. ඊට පස්සේ මගෙන් සෝවාන් ඵලය ලැබිච්ච කෙනෙක් තව කෙනෙක්ව සෝවාන් කළා. එයා තව කෙනෙක්ව සෝවාන් කළා. එහෙම පුද්ගල ප්‍රතිබද්ධ එකක් නෙමෙයි මේක. මේක ධර්මය හා බැඳිච්ච එකක්.

ධර්මය තුළ මාර්ගය තියෙනවා....

අනුරාධපුර යුගයේ හිටියා මහාසිව කියලා හාමුදුරු කෙනෙක්. උන්වහන්සේ සෝවාන් වෙච්ච කෙනෙක් නෙමෙයි. උන්වහන්සේ ත්‍රිපිටකධාරියි. උන්වහන්සේට තිබුනා අපූරු හැකියාවක් ධර්මය විස්තර කරන්න. උන්වහන්සේ ළඟට ඇවිත් බොහෝ දෙනෙක් පැවිදි වුනා. පැවිදි වෙච්ච ගණන තිස්දාහක්. ඒ තිස්දාහම

උන්වහන්සේගේ ධර්ම කතාව අහලා මාර්ගඵල ලැබුවා. එහෙනම් මාර්ගඵල උන්වහන්සේ දුන්නා නෙමෙයි. අපි ඒක නිවැරදි කරගන්න ඕනෙ. ධර්මය තුළ මාර්ගය තියෙනවා. ඒ මාර්ගය හොඳට පුද්ගලයෙකුට ප්‍රගුණ වුනොත් ඵලයට පත්වෙනවා. මේක හරියට තේරුම් ගත්තොත් කිසි අවුලක් නෑ. කාටවත් තමන්ව රවට්ටන්නත් බෑ. තමන් රැවටෙන්නෙත් නෑ.

භාග්‍යවතුන් වහන්සේගේ බුද්ධ වචනය තුළ මාර්ගය තියෙනවා. ඒ මාර්ගය ප්‍රගුණ කළොත් ඵලයට පත්වෙනවා. ඒක එතන තියෙන නිසර්ග සිද්ධියක්. (නිසර්ග සිද්ධියක් කියන්නේ ඒක එතන තියෙන සිද්ධ වෙන්න නියමිත එකක්) එතකොට මේ මහාසිව ස්වාමීන් වහන්සේ මේ විදිහට පිරිසට අනුශාසනා කරද්දි සමහර භික්ෂූන්ට පෙර ආත්මේ හැකියාවල් මතුවුනා. සමහර භික්ෂූන්ට පුළුවන් වුනා අනුන්ගේ සිත් දකින්න. ඉතින් දැන් ගුරුන්නාන්සේගෙන් උපදෙස් අරන් භාවනා කරපු මේ ගෝලයෝ රහත් ඵලයට පත්වුනා.

අනේ මට දවස් තුනක් ඇති....

පත්වෙලා බැලුවා ගුරුන්නාන්සේ දිහා. බැලුවහම මාර්ගඵල ලබලා නෑ. ගුරුන්නාන්සේ ළඟට ගිහින් කිව්වා 'අනේ ස්වාමීනී, ඔබවහන්සේත් පොඩ්ඩක් මහන්සි ගන්න මේකට' කියලා කිව්වා. එතකොට ගුරුන්නාන්සේට කොච්චර මේ මාර්ගය පිළිබඳ පැහැදිලිකම තිබුනද කියන්නේ ගුරුන්නාන්සේ කිව්වා 'අනේ මට දවස් තුනක් ඇති' කිව්වා. 'එහෙමනම් කමක් නෑ ස්වාමීනී, දවස් තුනක් හරි මහන්සි ගන්න' කිව්වා. දවස් තුනක් ගියා. දවස් තුනේම මුකුත් නෑ.

ඊට පස්සේ මේ වස් කාලේ එහෙනම් මං මේකට මහන්සි ගන්නවා කියලා වස් කාලේ හිටියා. ඒ වස්කාලෙත් මුකුත් නෑ. ඊට පස්සේ ඊළඟ අවුරුද්දෙත් හිටියා. සැතපෙන ඉරියව්ව අතඇරියා. සක්මන් කරන්න ගත්තහම සක්මනේදි උන්වහන්සේගේ යටි පතුල් පිපිරුවා. එතකොට ගමේ ළමයි ඇවිල්ලා යටි පතුල හිමීට පුපුරපු තැන් මහනවා. ඔහොම තිස් අවුරුද්දක් ගෙවුනා. තිස්වෙනි අවුරුද්දේ දැන් හෙට වස් පවාරණය කරන දවස.

මං මේ අඬන්නේ අඬලා මාර්ගඵලයක් ලබාගන්නයි....

උන්වහන්සේට තනියම 'අනේ මං මෙච්චර තිස්දාහකට රහත් වෙන්න ධර්මය කිව්වා. මට තාමත් මේක කරගන්න බැරිවුනා' කියලා හඬා වැටුනා. එතකොට තවත් කෙනෙක් අඬනවා ඇහෙනවා. උන්වහන්සේ බැලුවා වටපිට. බලද්දි උන්වහන්සේට පේන්න එනවා වෘක්ෂ දේවතාවෙක්. ආවට පස්සේ ඇහුවා 'ඇයි දෙවියනේ අඬන්නේ?' 'මං අඬන්නේ ඇඬීමෙන් මගඵල ලැබෙනවා ඇති ඔබවහන්සේට. ඒ නිසා මටත් මේ අඬලා මාර්ගයක් ඵලයක් ලබාගන්නයි' කියලා කිව්වා.

එතකොට උන්වහන්සේ තමන්ටම අවවාද කරගත්තා 'මහාසිව බලාපං.... දෙවියොත් උඹට ඔච්චම් කරනවා. දැන්වත් උඹ හරි විදිහට මහා බලාපොරොත්තු අත්හැරලා උපේක්ෂාවට පත්වෙයං' කිව්වා. අන්න එදයි අහුවුනේ මාර්ගය. එදා පාන්දර වෙද්දි රහත් ඵලයට පත්වුනා. එතකොට බලන්න මේ ධර්මයෙන් නේද මේ ඔක්කොම කරලා තියෙන්නේ. 'මම මගඵල දෙන්නම්. මගේ ළඟට වරෙං' කියන න්‍යායක් මේකේ නෑ. 'මම එතෙර වුනා. මං

පෙන්වන්නම්' කියලා එකක් නෑ. මං පෙන්නන්නම් කියලා කියපු ගමන් සැක කරන්න ඕනෙ.

ධර්මයෙන් ම යි මේක කරලා දෙන්නේ....

මං මාර්ගය පෙන්නන්නම් කියන කතාව කියන්න පුළුවන් භාග්‍යවතුන් වහන්සේට පමණයි. බුදුරජාණන් වහන්සේ ශ්‍රාවකයන්ට කියනවා "මහණෙනි, එන්න.... මං අනුශාසනා කරන්නම්. මං මාර්ගය කියන්නම්. ඒ මාර්ගයේ කියන හැටියට ගමන් කළොත් ඵලයට පත්වෙයි" කියනවා. එහෙනම් මෙතන ශ්‍රේෂ්ඨ මොකක්ද? ධර්මය ම යි. ධර්මයෙන් ම යි කරලා දෙන්නේ. ධර්මයෙන් ම යි ඉස්මතු කරලා දෙන්නේ.

පුද්ගලයෙක් පුද්ගලයෙක්ට බැඳෙන්නේ කෘතගුණ මතයි. කෙළෙහි ගුණය මතයි. ධර්මයෙන් පුද්ගලයෙක් යම්කිසි ගුණධර්මයක් ලබාගනිද්දි ඒ ගුණධර්මය ලබාගන්න උදව් ලැබෙන්නේ ධර්මයෙන් නම්, ඒ ධර්මය පෙන්නුවේ කල්‍යාණ මිත්‍රයෙක් නම්, අන්න ඒ කල්‍යාණ මිත්‍රයා කෙරෙහි කෙළෙහිගුණ දක්වනවා. ඒක ධර්මයෙන් වෙන එකක්. ධර්මය නැත්නම් ඒක වෙන්නෙ නෑ.

හැම තැනම තියෙන්නේ එකම ධර්මතාවය....

නැවත නැවත ඉපදි ඉපදි මැරි මැරී යන මේ බිහිසුණු ගමන හේතුඵල දහමට යටත්වයි සිද්ධ වෙන්නේ. හේතුඵල දහමට යටත්ව මේක වුනාට අපි එක එක්කෙනා දිහා බලන්නේ වෙන වෙනමනේ. 'මේ අසවලා.... මේ සුමනා.... මේ සුජාතා.... මේ මල්ලිකා....' එහෙමනේ බලන්නේ.

එහෙම අපි වෙන් වෙන් වශයෙන් බැලුවට හැම තැනම තියෙන්නේ එකම ධර්මතාවය. හැම තැනම තියෙන්නේ ආයතන හයක්. හැම තැනම තියෙන්නේ උපාදානස්කන්ධ පහක්. හැම තැනම තියෙන්නේ පටිච්චසමුප්පාදය. ඒවා තමයි කැරකි කැරකී තියෙන්නේ. නමුත් ඒවාට අදාළ යම් යම් අනන්‍යතා (අනන්‍යතා කියන්නේ එයටම හඳුනාගන්න තියෙන විශේෂ ලක්ෂණ) තියෙනවා. ඒ අනන්‍යතා තියෙන්නේ වෙනස් වෙන ලෝකය තුළ කරන කර්මයට අනුවයි. කර්මයට අනුව එක එක අනන්‍යතා තියෙනවා. වෙනස්වෙන එක එක ගති ලක්ෂණ හිටිනවා.

කර්මානුරූපව පිහිටන ගති ලක්ෂණ....

දැන් බලන්න දවසක් උපාලි මහරහතන් වහන්සේගේ පිටිපස්සෙන් සක්මන් කරනවා පිරිසක්. බුදුරජාණන් වහන්සේ වදාළා "මහණෙනි, මේ බලන්න... මේ ඔක්කොම විනයගරුකයි" කිව්වා. ආනන්දයන් වහන්සේ පිටිපස්සෙන් තව පිරිසක් සක්මන් කරනවා. "මහණෙනි, අර බලන්න... ඔක්කොම බහුශ්‍රැතයි" අනුරුද්ධයන් වහන්සේ පිටිපස්සෙන් තව පිරිසක් සක්මන් කරනවා. "මහණෙනි, අර බලන්න... මේ පිරිස ඔක්කොම දිවැස්ලාභීන්" සාරිපුත්තයන් වහන්සේයි තව පිරිසක් සක්මන් කරනවා. "මහණෙනි, අර බලන්න... අර පිරිස ප්‍රඥාවන්තයි" මොග්ගල්ලාන මහරහතන් වහන්සේ පිටිපස්සෙන් තව පිරිසක් සක්මන් කරනවා. "මහණෙනි, අර බලන්න... අර පිරිස ඔක්කොම ඉර්ධිලාභීන්" දේවදත්ත පිටිපස්සෙන් පිරිසක් සක්මන් කරනවා. "මහණෙනි, අර බලන්න... ඔක්කොම පව්කාරයෝ" කිව්වා. බලන්න වෙනස.

තාවකාලික විසඳුම හා ස්ථිර විසඳුම....

ඒ ස්වභාවය ගැන තමයි මම හවසට විස්තර කරන්න හිතාගෙන ඉන්නේ පටිච්චසමුප්පාදයෙන්. දැන් මම ඔබට පැහැදිලි කරලා දුන්නා අපට ලැබෙන විසඳුම් දෙක ගැන. මොකක්ද ඒ විසඳුම් දෙක? තාවකාලික විසඳුමයි ස්ථිර විසඳුමයි. තාවකාලික විසඳුම මොකක්ද? පින රැස්කිරීම. ස්ථිර විසඳුම මොකක්ද? චතුරාර්ය සත්‍යය අවබෝධ කිරීම. හැබැයි මේ තාවකාලික විසඳුම අතඇරලා ස්ථිර විසඳුමට යනවා කියලා එකක් වෙන්නෙ නෑ. දෙකම එකට යන්න ඕනෙ. ඒකයි මේකෙන් තේරුම් ගන්න තියෙන්නේ. පින රැස්කරමින් තමයි කරන්න ඕනෙ.

හැම තැනක්ම පෙන්නුවේ මිහිඳු මහරහතන් වහන්සේ....

දැන් බලන්න රහතන් වහන්සේලා තමයි අනුරාධපුරේ රුවන්වැලි මහාසෑය තියෙන තැන පෙන්නලා "මේන්න මෙතන භාග්‍යවතුන් වහන්සේගේ ද්‍රෝණයක් ධාතු තැන්පත් කරපු මහාසෑය පිහිටන්නේ" කියලා කිව්වේ. කවුද ඒක කිව්වේ? මිහිඳු මහරහතන් වහන්සේ. "මේන්න මෙතන ථූපාරාමය.... මේන්න මෙතන තමයි ශ්‍රී මහා බෝධිය පිහිටන්නේ..... මේන්න මෙතන තමයි සංඝයා දානෙ වළඳන්නේ.... මේන්න මෙතන තමයි ලෝවාමහාපාය හැදෙන තැන.... මෙතන තමයි සංඝයා පෝය කරන්නේ...." කියලා ඒ හැම තැනක් ම පෙන්නුවේ මිහිඳු මහරහතන් වහන්සේ. මිහිඳු මහරහතන් වහන්සේ එහෙම කියලා නැවතුනේ නෑ. ඒ තැන්වලට මල් පූජ කළා. එතකොට ඒ රහතන් වහන්සේලා පෙන්වා දුන්නා ස්ථූප වන්දනාව.

පින අතඇරලා ගිය ගමනක් මේකේ නෑ....

ඒ කාලේ මිනිස්සු බෞද්ධ සංස්කෘතියක් දන්නෙත් නෑ. මුකුත් දන්නෙ නෑ. ඉතින් මිහිඳු මහ රහතන් වහන්සේට තිබුණනේ මාර්ගය ප්‍රතිපදාව විතරක්ම කියා දිදී ඉන්න. මුල් කාලේ මාර්ගය ප්‍රතිපදාව විතරක් ම කිව්වා. කියලා ඒක තේරුනාට පස්සේ මිනිස්සුන්ට මෙන්න මේවා විහාර... මේන්න මෙතන හැදෙන්නෙ චෛත්‍යය... මෙතන බෝධිය... මෙතන සීමා මාලකය... මේ ඔක්කොම පෙන්නලා දුන්නා. සීමා ලකුණු කළා. ඒකෙන් නේද සම්පූර්ණයෙන්ම මේ පැවැත්මට උදව් ලැබුනේ.

ඊට පස්සේ ඒවා හදපු, ඒවාට වන්දනාමාන කරපු ඔක්කොම අය බොහෝ පින් කරගෙන පින් කරගෙන කොහෙටද ගියේ? දෙවියන් අතරට ගියා. දෙවියන් අතරට ගිහිල්ලා නිකම් හිටියේ නෑ. මගඵල ලැබුවා. පිනත් අල්ලගෙන ගියේ. පින අතඇරලා ගිය ගමනක් මේකේ නෑ. ඒ හැමෝම පින ඇතුව තමයි ධර්ම මාර්ගයේ ගිහින් තියෙන්නේ. ඉතින් ඒ නිසා අපටත් මේ පින රැස්කරමින් චතුරාර්ය සත්‍යය අවබෝධ කරන ගමන් මාර්ගයේ දිගටම රැඳිලා දියුණු කරගන්න වාසනාව ලැබේවා!

සාදු! සාදු!! සාදු!!!

02.
සවස් වරුවේ ධර්ම දේශනය...

ශ්‍රද්ධාවන්ත පින්වත්නි,

මේ මනුස්ස ලෝකෙට ආපු නිසා අපට ලැබිච්ච දුර්ලභ අවස්ථා දෙකක් ගැන අද උදේ අපි කතා කළා. එකක් තමයි අපට පින් කරගන්න අවස්ථාව ලැබීම. දෙවෙනි එක ගොඩාක්ම දුර්ලභ එකක්. ඒ තමයි චතුරාර්ය සත්‍යය ධර්මය අවබෝධ කරගැනීමට අවස්ථාව ලැබීම. එතකොට මේ පින් රැස්කිරීමත් චතුරාර්ය සත්‍යය අවබෝධ කිරීමත් ලෝක දෙකක පුළුවන් කියලා අපි දැන් දන්නවා. මොනවද ඒ ලෝක දෙක? මනුස්ස ලෝකෙත් දිව්‍ය ලෝකෙත්.

මේ අවස්ථා දෙකෙන් ඉස්සෙල්ලාම මනුස්ස ලෝකෙන් ගිලිහිලා ගියා චතුරාර්ය සත්‍යය අවබෝධ කිරීමේ අවස්ථාව. බුදුරජාණන් වහන්සේගේ ශාසනය පිරිහීමත් සමග ඒක ගිලිහිලා ගියා. කොච්චර දුරට ඒ ගිලිහීම ගිලිහී ගියාද කියන්නේ අන්තිමට පිනුත් ඕන නෑ කියන මට්ටමට සමහරු ආවේ නැද්ද? 'අපි කාටවත් වරදක් කරන්නෙ නෑ. අපි කාගෙවත් දෙයක් කඩාවඩා

ගන්නෙ නෑ. ඒ නිසා අපිට ආයෙ අමුතුවෙන් පිනක් කළයුතු නෑ' කියලා එහෙම කතාවෙන මට්ටමට මිනිස්සු පල්ලෙහාට වැටුනා.

එතනින් නතර වුනේ නෑ....

ඊට පස්සේ දිව්‍ය ලෝක ගැන මිනිස්සු කතා වුනේ දිව්‍ය ලෝකය කියන්නේ සම්පූර්ණ අබ්බගාත ලෝකයක්. ඒ කියන්නේ කිසි පිනක් කරගන්න බැරි අවාසනාවන්ත කාලකණ්ණි සත්ව කොට්ඨාශයක්. පින් කරන්න නම් ආයෙමත් මනුස්සයෙක්ම වෙන්න ඕනෙ කියලා. හැබැයි මනුස්සයෙක් වෙලා කරගන්න පිනකුත් නෑ. කතාව විතරයි. මේ වගේ බලාගෙන ඉන්දෙද්දි පරිහානිය කරාම ගමන් කරපු ලෝකයක්.

එබඳු පරිහානියක් කරා ගමන් කරන්න සිද්ධ වුනේ කාලයක් තිස්සේ මේ බුද්ධ ශාසනය පිරිහෙමින් පැවතිච්ච නිසා. අපේ මේ රමණීය සුන්දර ධර්මද්වීපයේ බුද්ධ ශාසනය පිරිහෙන්න හේතු වුනේ නොයේක් ආක්‍රමණ වලට භාජනය වෙච්ච නිසා. නොයෙක් මිසදිටු ආක්‍රමණ නිසා නැත්තට නැති වෙලා ගියා. ඔබ දන්නවා මීට අවුරුදු සීයකට කලින් රුවන්වැලි සෑය පස් කන්දක්. සේරුවිල පස් කන්දක්. මහියංගනය පස් කන්දක්. කිරි වෙහෙර පස් කන්දක්. සෝමාවතිය පස් කන්දක්. තිස්සමහාරාමය පස් කන්දක්.

බැලූ බැල්මට පේන්නේ නොපිරිහී ආවා වගෙයි....

මේ ඔක්කොම පස් ගොඩවල් බවට පත්වෙනකම්ම මේ මනුස්සයන්ගේ හැකියාව නැත්තටම නැතිවෙලා

තිබුනේ. අද බලන කෙනෙකුට පේන්නේ නිකම් අවුරුදු දාස්ගාණක් නොපිරිහී ආවා වගේ. අද අනුරාධපුරේ ගියහම හරී ලස්සනයි. ඇයි දැන් ජේතවනාරාමයත් ප්‍රතිසංස්කරණය කරලා. අභයගිරියත් ප්‍රතිසංස්කරණය කරගෙන යනවා. ලස්සනට බබළනවා රුවන්වැලි සෑය. ථූපාරාමය බබළනවා. සේරුවිල බබළනවා. සෝමාවතිය බබළනවා. කිරිවෙහෙර බබළනවා. එතකොට අද පොඩි දරුවාගේ හිටන් පේන්නෙ කොහොමද? කාලයක් තිස්සේ බැබලුනා වගෙයි.

නමුත් ඇත්තටම බොහෝම ළඟදි තමයි මේ ඔක්කොම ප්‍රතිසංස්කරණය වෙලා මේ මට්ටමට ආවේ. ශ්‍රී මහා බෝධීන් වහන්සේට අලි ඇතුන්ගෙන් වන උවදුරු වළක්වන්න මීට අවුරුදු දෙසීයකට කලින් තමයි අර වටේ ගල්වැට හදලා තියෙන්නේ. ඒ කාලේ තිබුනා දරමිටි පූජාව කියලා එකක්. මිනිස්සු දරමිටි අරගෙන ඇවිල්ලා ශ්‍රී මහා බෝධීන් වහන්සේට ඇතින් ගිනි ගොඩවල් ගහනවා අලි බෝධිය කන්න එන එකෙන් බේරගන්න. එච්චරටම සිංහලයෝ නැතිවෙලා ගියා.

ධර්ම කතාවත් නැතුව ගියා....

එහෙම හානි වෙද්දි ශාසනයක් ඉතුරු වෙයිද? ඊළඟට ධර්ම කතාව නැතිවුනා. බොහෝ මෑතකදි තමයි ආයෙමත් මේ ධර්මය පිළිබඳ උද්යෝගය ඇතිවුනේ. දැන් අපි බුද්ධ දේශනා හොඳට දන්නවා. මේ බුද්ධ දේශනා වලින් තමයි පින සහ චතුරාර්ය සත්‍යය ධර්මය අවබෝධ කරන්න තියෙන අවස්ථාව ගැන අපි ඉගෙන ගත්තේ. මේ දෙකම මිනිස්සුන්ට අහිමි වුනා. ඇයි හරි අර්ථය දන්නෙ නෑ.

ඉස්සර මට මතකයි අපි පොඩි කාලේ නම ගැහුවේ නැත්නම් ආධාරයක් වත් කරන්නෙ නෑ. අනිවාර්යයෙන්ම නම ගහන්න ඕනෙ. දැන් සෝමාවතී නම් මල් ආසනේ හදන්නෙ සෝමාවතීගේ නම ගහන්න ඕනෙ. බුදු පිළිමෙ පූජා කරන්නෙ කරුණාවතී නම් යටින් ගහන්න ඕනේ කරුණාවතී කියලා. එතකොට බුදු පිළිමෙට වඳිනකොට කරුණාවතීටත් වඳිනවා. මල් පූජා කරනකොට සෝමාවතීටත් පුදනවා. ඒ මට්ටමට තමන්ගෙ නම නොදා කිසි දෙයක් කරගන්න බැරි විදිහට තිබුනේ. ඒ මොකද හේතුව? පිනට තැන නැති නිසා.

දැන් එහෙම නෑ.....

දැන් හොඳට නුවණැත්තා පින ඉදිරියට අරගෙන නම පස්සට දාලා වැඩ කරනවා. ඒ වගේම මං ඔබට කිව්වා අපි පිනත් අනිවාර්යයෙන්ම කරගන්න ඕනෙ. හැබැයි පිනේ ස්ථිර විසඳුමක් නෑ කියලා. නමුත් අපිට පින ඕනෙ ඒක ස්ථිර විසඳුමක් නොවුනට. දැන් අපිට ගෙයක් දොරක් ඕනෙ. වෙලාවට බත් කන්න ඕනෙ. ඇඳුමක් ඕනෙ. ඒවා ස්ථිර විසඳුම් නෙමෙයි නමුත් ඕනෙ. ඒවා අපිට අවශ්‍ය දේවල්. ස්ථිර විසඳුම මොකක්ද? චතුරාර්ය සත්‍යය අවබෝධ වීම.

චතුරාර්ය සත්‍යය අවබෝධ කිරීමේ පළවෙනි පියවර සෝතාපන්න වීම. දෙවෙනි පියවර සකදාගාමී වීම. තුන්වෙනි පියවර අනාගාමී වීම. සතරවෙනි පියවර රහත්ඵලය. ඒ කිව්වේ චතුරාර්ය සත්‍යය සම්පූර්ණයෙන්ම අවබෝධ වීම. පස්වෙනි පියවරක් නෑ. එතකොට පියවර කීයද තියෙන්නේ? හතරයි. හතරෙන් සම්පූර්ණ වෙනවා. සෝතාපන්න වෙන කෙනා මොන ආකාරයේ දුකකින්ද

නිදහස් වෙන්නේ කියලා අපි උදේ වරුවේ ඉගෙන ගත්තා.

සාගර ජලයේ උපමාව....

ඒකට බුදුරජාණන් වහන්සේ හරිම අපූරු ලස්සන උපමාවක් අපිට වදාළා. මහා සාගරයේ ජලය සම්පූර්ණයෙන්ම හිඳිලා යනවා වතුර බින්දු දෙකක් තුනක් තියෙද්දි. උන්වහන්සේ අහනවා ඒ ඉතුරු වෙච්ච වතුර බින්දු දෙක තුනද ගොඩක් තියෙන්නේ, සිඳුණු ජලයද කියලා. එතකොට මොකක්ද උත්තරේ? සිඳුණු ජලය තමයි පමණ කරන්න බැරි. ඉතුරු වෙච්ච ජලය තමයි බොහොම චුට්ට. මේ වගේ කිව්වා කෙනෙක් සෝවාන් වුනොත් ඒ කිව්වේ චතුරාර්ය සත්‍යය අවබෝධයේ පළවෙනි පියවරට ආවොත් එයාට විඳින්න ඉතුරු වෙන දුක.

ඒ අතින් බැලුවහම ඒ උත්තරේ සැනසිලිදායක නැද්ද? බොහෝම සැනසිලිදායකයි. කාන්තාරේ ඉන්න කෙනෙකුට වැස්සක් වගේ. ඒ චතුරාර්ය සත්‍යාවබෝධයට කියන තවත් නමක් තමයි ධම්ම චක්ඛු. ධම්ම චක්ඛු කියන්නේ දහම් ඇස. ඒකට තව වචනයක් තමයි දිට්ඨිසම්පන්න කියන්නේ. ඒ කිව්වේ නිවැරදි දැක්මෙන් යුතු කෙනා කියන එක. සෝවාන් ඵලයට කෙනෙකුට පත්වෙන්න ලැබුනොත් මොකක්ද එයාගේ නැතිවෙන්නේ? හිතේ මුල්බැසගත්තු දෘෂ්ටියක් නැතිවෙනවා. ඒ තමයි සක්කාය දෘෂ්ටිය.

තණකොළ කන ආගමක්....

ඊළඟට සීලබ්බත පරාමාස (සීලව්‍රත වලට බැඳෙන ගතිය) නැතිවෙනවා. පසුගිය දවස්වල යුරෝපයේ අපේ

අසපු කීපයකට මට යන්න අවස්ථාව ලැබුනා. එහේදි මට දැනගන්න ලැබුනා හරි සෝචනීය දෙයක්. එක ආගමික සංවිධානයක් (එහේ ඕනම ආගමකට ඒගොල්ලෝ කියන්නේ චර්ච් කියලා. අපි චර්ච් කියන්නේ පල්ලියටනේ) අලුත් චර්ච් එකක් හදලා. ඒගොල්ලන්ගේ ඒ ආගම අදහන පල්ලියේ පිටිපස්සේ පිට්ටනියක් තියෙනවා. පිට්ටනියේ හොඳට තණකොළ වවලා තියෙනවා. ඒ ආගමේ උගන්නන්නේ සොබාදහම.

මේ සොබාදහමත් එක්ක එකතු වෙලා ඉන්න සත්තු ඒගොල්ලෝ තෝරගන්නවා. තෝරගෙන ඒගොල්ලෝ එහේ අනුගමනය කරනවා ගෝ ව්‍රතය. ගෝ ව්‍රතය කියන්නේ ගවයෙක් වගේ හැසිරීම. (මේ ජර්මනියේ වෙන්නේ) ඒ ගෝව්‍රතය අනුගමනය කරන අය ඒ පල්ලියේ ඉඳලා ඒගොල්ලන්ගේ මොනවහරි ඉගෙන ගෙන අර පිට්ටනියට ගිහිල්ලා හතර ගාතෙන් තණකොළ කනවා. මේ තණකොළ කන්නේ ඒ ජර්මන්කාරයන්ට කන්න නැතුවද? නෑ. කවුරුත් කන්න නොදීද? නෑ. මිනිස්සු දඬුවමකට යටත් කරලා භය කරලද? නෑ. විමුක්තියක් නාමයෙන්.

සීලබ්බත පරාමාස වලින් තමන් යන දිසාව අවුල් කරනවා....

ඔය විදිහට පවුලක්ම මේ තණකොළ කකා ඉන්නකොට ඒ පවුලේ පොඩි දරුවා අසනීප වුනා මේ තණකොළ කෑමෙන්. අසනීප වුනාට පස්සේ අනිත් අය කවුරුහරි මැදිහත් වෙලා මෙයාව ඉස්පිරිතාලේ ගෙනිච්චා. මේ ළමයා මැරුනා. මැරුනට පස්සේ ඒ දෙමව්පියෝ කිව්වා 'හා... කමක් නෑ... විමුක්තිය කරා

ගියපු කොලුවෙක්නේ' කිව්වා. බලන්න සීලබ්බත පරාමාස යන්නේ කොහෙද කියලා. මනුස්සයාට තමන් යන දිසාව අවුල් කරලා දෙනවා ඔය සීලබ්බත පරාමාස වලින්.

ධර්ම මාර්ගයට ආපු එක්කෙනාට දිසාව අවුල් වෙන්නෙ නෑ. ඇයි හේතුව? සීලබ්බත පරාමාස නැති නිසා. අන්න සෝවාන් වීමේ වාසිය. සක්කාය දිට්ඨිය නැති එක්කෙනා ආනන්තරිය පාප කර්මයකට යන්නෙ නෑ. මිසදිටුවක් අදහන්න යන්නෙ නෑ. සක්කාය දිට්ඨිය නැතිවෙනවා. ඊළඟට විචිකිච්ඡා නැතිවෙනවා. සීලබ්බත පරාමාස නැතිවෙනවා. විචිකිච්ඡා කිව්වේ සැකය. දැන් අර තණකොළ කන ආගමේ අය ඒක කොහොම කරගෙන ගියත් කවුරුහරි කෙනෙක් තර්කය මුල්කරගෙන ඒගොල්ලන්ට ඉගැන්නුවොත් 'නෑ.... මේක බොරුවක්. ඔයාලා අහුවෙලා ඉන්නේ බොරුවකට....' කියලා සැකය ඇතිවෙන්න බැරිද 'හැබෑටම මේක බොරුවක්වත්ද.... කියලා?

කල්ප ගාණකට නොලැබුණු ඇහැක්....

මේ ධර්මයට ආපු එක්කෙනාට එහෙම වෙන්නෙ නෑ. ඇයි හේතුව? එයාට තියෙනවා ධම්ම චක්ඛු. ධර්ම ඇස. ඇස තියෙන කෙනාට පේනවනේ. ඇස නැත්නම් නෙ පේන්නෙ නැත්තේ. ඇස තියෙන එක්කෙනාට පේනවා. ඒ ඇස ලැබෙන්නේ චතුරාර්ය සත්‍යය අවබෝධයෙන්. චතුරාර්ය සත්‍යය අවබෝධයෙන් ලැබෙන ඇස අපෙන් කාටහරි ලැබුනොත් එයාට කල්ප ගාණකට නොලැබිච්ච ඇහැක්. කෙළවරක් නැති සසරේ කිසිදාක නොලැබුණු ඇසක්. ඒ ඇසෙන් එයාට ඇත්ත පෙනේවි. ඒ ඇසින් එයා හැබෑ තතු දකීවි.

බුදුරජාණන් වහන්සේ පෙන්වා දෙනවා ඒ ශ්‍රාවකයා මොකක්ද කරන්නේ? **"පටිච්චසමුප්පාදං යේව සාධුකං මනසිකරෝති"** 'පටිච්චසමුප්පාද ධර්මය ම මැනවින් මෙනෙහි කරයි' පටිච්චසමුප්පාද ධර්මය හරි විදිහට අහුවුනොත් එයා සත්පුරුෂ භූමියට වැටෙනවා. සත්පුරුෂ භූමියේ තියෙන්නේ කෙලෙහිගුණ. පටිච්ච සමුප්පාදය හරියට අහුවුනොත් කෙලෙහිගුණ දන්නා කෙනෙක් වෙනවා. කෙලෙහිගුණ දක්නා කෙනෙක් වෙනවා. කෙලෙහිගුණ හඳුනන කෙනෙක් වෙනවා.

සත්පුරුෂ භූමිය පටන් ගන්නේ කෙලෙහිගුණෙන්....

පටිච්ච සමුප්පාද ධර්මයේ හැම හේතු ප්‍රත්‍ය ධර්මයක් ම පැය ගාණක් විස්තර කළත් කෙලෙහිගුණ නැත්නම් සත්පුරුෂ ධර්මය එයාට අහුවෙලා නෑ. සත්පුරුෂ ධර්මය අහුවෙන එකෙන් තමයි ලකුණ හොයාගන්නේ මෙයාට මේක තේරුනා කියලා. ධර්මය තේරුනා නම් එයා සත්පුරුෂ ධර්මයට වැටෙනවා. ධර්මය තේරිච්ච එක්කෙනෙකුගේ ලක්ෂණයක් තමයි **සප්පුරිසානං දස්සාවී.** සත්පුරුෂයන් දකිනවා. **සප්පුරිසධම්මස්ස කෝවිදෝ.** සත්පුරුෂ ධර්මයට දක්ෂයි. **සප්පුරිස ධම්මේ සුවිනීතෝ.** සත්පුරුෂ ධර්මයේ මැනවින් හික්මෙනවා.

මේ සත්පුරුෂ ධර්මයට එන්න අපිට ගොඩක් උදව් වෙන්නෙ මොකක්ද? පටිච්ච සමුප්පාදය මනාකොට නුවණින් මෙනෙහි කිරීම. පටිච්ච සමුප්පාදය ඉගෙන ගනිද්දි හොඳට මතක තියාගන්න අපි ඉගෙන ගන්නේ වාද කරන්න නෙමෙයි. අවබෝධ කරන්නයි. අවබෝධ කිරීමට ඉගෙන ගන්න කෙනා තමා කියන්නේ කවුද

කියලා විමසා බලන්නයි මේ පටිච්චසමුප්පාදය ඉගෙන ගන්නේ.

භාග්‍යවතුන් වහන්සේ තමයි ඇත්ත දැක්කේ....

බුදුරජාණන් වහන්සේ මේ පටිච්ච සමුප්පාදයේ අංගයන් ගැන ඇතැම් සූත්‍ර වල එක එක අයුරින් විස්තර කරලා තියෙනවා. එතකොට ඒ විස්තරේ බුදුරජාණන් වහන්සේගේ නම් ඒක අපිට වෙනස් කරන්න බෑ. ඇයි අපිද ඇත්ත දැක්කේ භාග්‍යවතුන් වහන්සේද? භාග්‍යවතුන් වහන්සේ. අපිට එකම ගොඩනැගිල්ලක් හතර පැත්තෙන් බැලුවොත් හතර විදිහකට පේන්න බැරිද? උතුරු පැත්තෙන් බැලුවොත් ගොඩනැගිල්ල වෙන විදිහකට පෙනේවි. දකුණෙන් බැලුවොත් වෙන විදිහකට පෙනේවි. නැගෙනහිරින් බැලුවොත් වෙන විදිහකට පෙනේවි. බටහිරින් බැලුවොත් තවත් විදිහකට පෙනේවි. කවුරුහරි කිව්වොත් උතුරින් බලන විදිහටම පේන්න ඕන කියලා ඒක අපිට එක එල්ලේ කියන්න බෑ නේද? ඇයි හේතුව? සමහර ගොඩනැගිලි එක එක හැඩේට තියෙනවා. උතුරට පේන්නේ වෙන විදිහකට. පිටිපස්සට පේන්නෙ වෙන විදිහකට.

ගුරු උපදෙස් රහිත වූ අවබෝධය....

ඒ නිසා මේ පටිච්ච සමුප්පාදයෙත් අපිට එහෙම එක එක තැන් හම්බ වෙනවා මේ දේශනාවල. ඔබ දන්නවා බුදුරජාණන් වහන්සේලා සම්මා සම්බුදු බවට පත්වෙනවා. සම්බුදු බවට පත්වෙනවා කියන්නේ මොකක්ද? බාහිර කිසි කෙනෙකුගේ උදව්වක් උපකාරයක්

අනුශාසනාවක් නැතුව තමන් තනියම ඇතිකරගත්තු වැටහීමෙන්, තමන් තනියම උපදවා ගත්තු අවබෝධයෙන් මේ පටිච්චසමුප්පාදය අවබෝධ කිරීම.

එහෙම තමන්ගේ තනි උත්සාහයෙන්, තනි ඤාණයෙන් කළත් සම්මා සම්බුදු කෙනෙකුත් පළමුවෙන්ම සෝවාන් විය යුතුයි. දෙවනුව සකදාගාමී විය යුතුයි. තුන්වෙනුව අනාගාමී විය යුතුයි. සතරවෙනුව අරහත් ඵලයට පත්විය යුතුයි. එතකොට ඒ සම්මා සම්බුදු රජාණන් වහන්සේත් බෝධි මූලයේදි පිළිවෙළින් සෝවාන්, සකදාගාමී, අනාගාමී, අරහත් කියන ඵලයන්ට පත්වුනා. ඒ පත්වෙද්දි අර බාහිරින් උදව්ව නෑ. තමන්මයි තනියම ආර්ය අෂ්ටාංගික මාර්ගය හොයාගත්තේ. ඒ බාහිර උදව්ව නැතුව තමන්ම හොයාගනිද්දි තේරෙන තැනකින් නුවණින් විමසන්න පටන් ගන්නේ.

නුවණ වැඩුනේ එකම ස්වභාවයෙන්....

අපි දන්නවා මේ කල්ප සීය ඇතුලත බුදුරජාණන් වහන්සේලා කී නමක් පහළ වුනාද? හත් නමයි. කවුද ඒ? විපස්සී, සිඛී, වෙස්සභූ, කකුසඳ, කෝණාගමන, කාශ්‍යප, ගෞතම යන සම්මා සම්බුදු රජාණන් වහන්සේලා. මේ සම්මා සම්බුදු රජාණන් වහන්සේලා හත් නමටම අවබෝධය ඇතිවෙන්න ඒ නුවණ වැඩුනේ එකම ස්වභාවයෙන්. එක්කෙනෙකුට එක්කෙනෙක් වෙනස් නෑ. එකම ස්වභාවයෙන් තමයි අවබෝධය වැඩෙන්නේ. උන්වහන්සේලා තනියම මේ මාර්ගයේ ගමන් කරන්න, මේ නුවණ දියුණු කරන්න හේතු ප්‍රත්‍ය විමසපු ආකාරය මේ ධර්මයේ සඳහන් වෙනවා. ඒක කියලා දුන්නේ අපේ ගෞතම බුදුරජාණන් වහන්සේ.

උන්වහන්සේ දේශනා කරපු මේ දේශනාවේ නම විපස්සී සූත්‍රය. ඒ කිව්වේ විපස්සී කියන බුදුරජාණන් වහන්සේ සම්බුද්ධත්වයට පත්වෙන්න නුවණින් මෙනෙහි කරපු හැටි. හැබැයි ඒ විදිහමයි අනිත් බුදුවරයන් වහන්සේලාටත්. ඒ කියන්නේ විපස්සී, සිඛී, වෙස්සභූ, කකුසඳ, කෝණාගමන, කාශ්‍යප, ගෞතම කියන මේ සියලු බුදුවරු එකම ආකාරයට විමසුවේ. ඒ විතරක් නෙමෙයි ඊට පස්සේ ශ්‍රාවකයන්ටත් ඒ විදිහටම විමසන්න ඉගැන්නුවා.

අපේක්ෂා නොකළ දෙයක් දකින්න ලැබුනා....

මේ දේශනාව බුදුරජාණන් වහන්සේ වදාළේ සැවැත් නුවරදි. ඔබ දන්නවා බුද්ධත්වයට පත්වෙන බෝධිසත්ව කෙනෙක් ගිහි ගෙදරදි අපේක්ෂා කරපු නැති දේකට මුහුණ දෙනවා. අපේ මහ බෝසතාණන් වහන්සේත් අපේක්ෂා නොකළ දේකට මුහුණ දුන්නා. උද්‍යාන ක්‍රීඩාවට යද්දි අපේක්ෂා නොකළ දෙයක් දැක්කා. මොකක්ද ඒ දැක්කේ? මහල්ලෙක්, ලෙඩෙක්, මළ කඳක්, ශ්‍රමණ රූපයක් දැක්කා. මේ සතර පෙර නිමිති දැකීම සියලු බෝසතුන්ට අපේක්ෂා නැති වෙලාවක වෙන එකක්. බලාපොරොත්තු නැති වෙලාවක වෙන එකක්.

මං සතර පෙර නිමිති බලන්න ඕන කියලා පාරට බැහැලා යන්නෙ නෑ. ඇයි හේතුව? එහෙම එකක් දන්නෙ නෑ. බුද්ධ දේශනා නෑ ඒ කාලෙට. අනික බුදුරජාණන් වහන්සේ නමක් වැඩ ඉන්න කාලෙට පසේබුදු කෙනෙක් පහළ වෙන්නෙත් නෑ. ඒ විදිහට මහල්ලෙක්, ලෙඩෙක්, මළ කඳක් දැක්කට පස්සේ මේක හිතේ වැඩ කරන්න

ගන්නවා. අපිට වෙන්නෙ ඒකේ අනිත් පැත්තනේ. මේ දුක පේනවා. මේ මතක නැතුව යනවා. මේ හිතට පීඩාව එනවා ආයෙමත් ඒක අමතක වෙලා හිත මායාවේ පැටලෙනවා.

බෝසත් කෙනෙකුගේ චරිතය ඊට වෙනස්....

අනේ මේකෙන් එතෙර වෙන්න ඇත්නම් කියලා හිතෙනවා. ආයෙත් හිතෙනවා කෑමක් දැක්කොත් 'අනේ අරක කන්න ඇත්නම්' කියලා. 'අනේ මට නම් මේක එපා' කියලා හිතෙනකොට හිතෙනවා 'අනේ අර ඇඳුම ගන්න ඇත්නම්' කියලා. ඒ කියන්නේ අපිට එපා කියන එකත් එක්කම පිටිපස්සෙන් එනවා ඕනේ කියලා එකක්. බුදු කෙනෙක් වෙන්න හදන චරිතය ඊට වෙනස්. එපා කියන එකම හිතෙන්න ගන්නවා. 'මෙහෙම දුකක්ද මේ තියෙන්නේ? මෙහෙම දුකක්ද මේ තියෙන්නේ' කියලා. ඒ පින් බලය.

කල්ප ගණන් ගෙවා ඇවිත් මේ සංසාරේ....

එහෙම දිගින් දිගට දිගින් දිගට හිතෙන්න ගත්තහම ඒ ඔස්සේ යනවා හොයාගෙන. එහෙමයි වෙන්නේ. බුද්ධ කාලේ ගොඩක් පින්වන්ත අය එහෙමයි. හිත වෙනස් වුනේ නෑ. **"විපස්සිස්ස භික්ඛවේ භගවතෝ අරහතෝ සම්මා සම්බුද්ධස්ස පුබ්බේව සම්බෝධා අනභිසම්බුද්ධස්ස බෝධිසත්තස්සේව සතෝ ඒතදහෝසි"** විපස්සී බුදුරජාණන් වහන්සේ බුදු වෙන්න කලියෙන් බෝසත්ව සිටිද්දි මේ විදිහට සිතුනා. දැන් මේ සිද්ධිය වෙන්නේ පාන්දර ජාමේ. මේ වෙනකොට උන්වහන්සේ පුබ්බේ නිවාසානුස්සති ඤාණය ලබලා.

ඒ කිව්වේ උන්වහන්සේ මේ ජීවිතේ කෙළවරක් නැතුව මේ සසරේ භවයෙන් භවයේ, භවයෙන් භවයේ ආපස්සට බලාගෙන යනවා යනවා යනවා ඉවරයක් නෑ. යනවා යනවා ඉවරයක් නැත්නම් හැරෙන්නනේ තියෙන්නේ. හැරිලා ආවා. කල්ප ගණන් බලනවා බලනවා පටන් ගත්තු කොණක් හොයන්න බැරි නම් මොකක්ද කරන්න තියෙන්නේ? හැරිලා එන්න නේද තියෙන්නේ? දැන් ඔබ ගමනක් යනවා. යනවා යනවා යනවා ඉවරයක් නැත්නම් මොකද වෙන්නේ? කොච්චර ගියත් ඔච්චරනේ කියලා හැරිලා එන්නෙ නැද්ද? හැරිලා එනවා.

මේක තමන්ට විතරක් සිද්ධ වෙන දෙයක්ද....?

ඒ වගේ තමයි පුබ්බේනිවාසානුස්සති ඤාණයෙන් බලාගෙන ගියහම ඉවරයක් නෑ. ඊට පස්සේ ඒ බෝසතාණන් වහන්සේ කල්පනා කරනවා තමන් මේ කෙළවරක් නැති භව ගමනක ආපු එක තමන්ට විතරක් සිද්ධ වෙච්ච එකක්ද? මේක අනිත් සත්වයන්ට වෙන්නේ නැද්ද? කියලා. බැලින්නම් අනිත් අයටත් එහෙමයි. හැමෝම කර්මානුරූපව උපදිනවා. කර්මානුරූපව චුත වෙනවා. කර්මානුරූපව චුත වෙන්නේ කර්මානුරූපව උපදින්නයි. කර්මානුරූප ඉපදිලා ආයෙ කර්ම රැස් කරගෙන ආයෙ චුතවෙනවා. මේකේ අවසානයක් නෑ.

අන්න එතකොට අර දැකපු පෙර නිමිති මහලු වීම, ලෙඩ වීම, මරණය මේවමයි හිතට වදින්නේ 'එහෙනම් මේකේ තියෙන්නේ ජරාමරණ විතරයි නොවැ' කියලා. ඇයි උපදිනවා, දිරනවා, මැරෙනවා. උපදිනවා, දිරනවා, මැරෙනවා. මෙච්චර නොවැ තියෙන්නේ. දැන්

අපි කවුරුහරි කෙනෙක් මැරුණහම කියනවා 'අනේ අපි අතරම ආයෙ උපදීවා' කියලා. නමුත් උපන්නට පස්සේ එයාගේ ප්‍රශ්නෙ ආයෙත් එයාට නැද්ද? ආයෙමත් ප්‍රශ්න තමයි. නමුත් මේක ප්‍රශ්නයක් කියලා අපිට හිතෙන්නේ නෑ. අපිට හිතෙන්නේම උත්තරයක් කියලා. උත්තරේ ඒක නෙමෙයි. ඒ ප්‍රශ්නෙමයි.

මේ ලෝක සත්වයා මහා දුකකට වැටිලා නොවැ....

බෝසතාණන් වහන්සේ බෝධිමූලයේ ඉඳගෙන හිතනවා මෙහෙම. "**කිච්ඡං වතායං ලෝකෝ ආපන්නෝ**" 'අනේ මේ ලෝක සත්වයා මහා කරදරයක වැටිලා නොවැ' **ජායති ච ජීරති ච.** උපදිනවා දිරනවා. **මීයති ච.** මැරෙනවා. **චවති ච.** චුත වෙනවා. **උපපජ්ජති ච.** ආයෙමත් උපදිනවා. **අථ ච පනිමස්ස දුක්ඛස්ස නිස්සරණං නප්පජානාති ජරාමරණස්ස.** එසේ නමුත් මේ ජරාමරණ දුකින් නිදහස් වීමක් ගැන දන්නෙ නෑ.

ඒ කිව්වේ ඉපදෙනවා, දිරනවා, මැරෙනවා, චුතවෙනවා, ආයෙමත් උපදිනවා මේ සෙල්ලම නවතින්නෙ නෑ. මේ දැන් අපි ඔක්කොම මැරෙනවා කියමු. අපිට මක් වෙයිද? පිරිනිවන් පානවද? නෑ. ආයෙමත් උපදිනවා. හැබැයි ආයෙත් උපදින්නේ මේ ආත්මේ ඉපදිච්ච විදිහටමයි. ඒ කොහොමද? කර්මානුරූපව. තමන්ට කැමති තැනක වුනත් උපදින්න පුළුවන් ඒත් හැබැයි කර්මානුරූපව.

උපදින්න සුදුසු නැති තැනක්....

බුදුරජාණන් වහන්සේගේ කාලේ සාරිපුත්ත මහ රහතන් වහන්සේ මරණාසන්න වෙච්ච බ්‍රාහ්මණයෙක්ව

බඹලොව උපතට පිහිටෙව්වා. ඒ කියන්නේ ඔහුට ඒ උපතට ඕන හැටියට හේතු හදලා දුන්නා. ඒ හේතුව නැත්නම් බෑ කරන්න. නමුත් මේ ජරාවට පත්වෙන, මරණයට පත්වෙන මේ ස්වභාවයේ නිදහස් වීමක් එහෙම උපන් පමණින් පේනතෙක් මානෙක නෑ. මං හිතන්නේ යුරෝපය කියන්නෙත් උපදින්න නුසුදුසු තැනක් කියලයි. ඇයි අපි එහෙම කියන්නේ? එහේ උපන්නොත් කන්න නම් ඉතින් පුළුවන්. බත් කන්නෙ නෑනේ පාන් නෙ කන්නේ. ඒවත් පුළුවන්. ඉන්න තැනකුත් හදයි. මුහුදෙත් නායි. බීලා ඉඳියි. ජීවිතේ අවබෝධයක් පේනතෙක් මානෙක නෑ.

අවිද්‍යාවක මහත....

ඔබ අහලා ඇති එඩ්ගා කේසි කියලා කියන්නේ 1930 ගණන් වල හිටපු කෙනෙක්. එයා ඒ බටහිර උපන් මිනිස්සුන්ගේ පෙර ආත්මේ ගැන විස්තර කියලා තියෙනවා. ලංකාවේ පොතක් තියෙනවා සංසාර මන්දිර කියලා. ඒ පොතේ භාෂාව නම් බොහොම අමාරුයි කියවගන්න. එයා ඒ පොත ලියපු දවස්වල ඒකේ විස්තරය කියවලා තව කෙනෙක් පෙර ආත්මය ගැන තවත් පොතක් ලිව්වා. ඒ පෙර ආත්මය වෙන රටක හිටියා බ්‍රයිඩියර් මර්ෆි කියලා.

කලින් ජීවත් වෙලා හිටපු එක්කෙනෙක් මැරිලා ආයෙ උපදිනවා. ආයෙ මැරිලා ආයෙ උපදිනවා කියන මේ කාරණය පළමු වතාවට අහලා මුළු ඇමරිකාවම කැළඹුණා. කැළඹිලා හිතුවා 'හප්පේ.... මේවා බොරු.... මැරිලා පලච්ච කෙනෙක් ආයෙ උපදිනවද එහෙම...? මේවා මේ විහිලු....' කියලා අන්තිමට සංගීත බෑන්ඩ්

කණ්ඩායම් හැදුවා 'බ්‍රයිඩියර් මර්ෆි බෑන්ඩ්' කියලා. එච්චරටම ඒවා බොරු කියලයි හිතුවේ. පත්තර වලින් දිගටම ගැහුවා ඒගොල්ලන්ට. පල්ලියකින් රෑත් කියලා කෙනෙකුගේ වෙනම බොරු කතන්දරයක් හදලා මේක විහිලුවට ලක් කළා.

අන්ධකාරය ම මිසක් එළියක් නෑ....

ඒ කියන්නේ එතකොට මිනිස්සු හිතාගෙන හිටියේ මොකක්ද? මේ ඉපදුනා කියන්නේ දෙවියන්ගේ තෑග්ගක්. මේ කාල පරිච්ඡේදය හිටියට පස්සේ මේ ආත්මේ ආයෙ ගිහිල්ලා දෙවියන්ගේ ගබඩාවේ ඇලෙනවා. එතනින් ඉවරයි. ඉතින් මේ වගේ ලෝකෙක උපන්න මනුස්සයාට පිහිටක් තියෙයිද? ඒ අන්ධකාරයම මිසක් එළියක් තියෙයිද? නෑ. මං මේ කියන්නේ අවුරුදු සීයක් ඇතුලත වෙච්ච ප්‍රශ්නයක්. අවුරුදු දෙදාස් පන්සීයකට කලින් මෙහේ රහතන් වහන්සේලා. බලන්න වෙනස.

ඉතින් ඒ විපස්සී බෝසතාණන් වහන්සේ නුවණින් විමසනවා (දැන් නිකම් නෙමෙයිනේ මේ ජරාමරණ ගැන දැනගන්නේ. ඤාණ දෙකක් මුල් වෙලා තියෙනවා. පුබ්බේ නිවාස ඤාණයත් චුතූපපාත ඤාණයත්) මේ ජරාමරණ වල අවසානයක් නෑ නොවැ. මේකෙන් නිදහස් වීමක් නෑ නොවැ. "**කුදස්සු නාම ඉමස්ස දුක්ඛස්ස නිස්සරණං පඤ්ඤායිස්සති ජරාමරණස්සාති**" මේ ජරාමරණ වලින් නිදහස් වෙන්නේ කවද්ද? කියලා හොයන්න ගත්තා. එතකොට මේ හොයන්න ගත්තේ මොකේට උත්තරයක්ද? ජරාමරණයට උත්තරයක්.

ඉස්සෙල්ලාම මැවිල්ල අත්හැරියා....

හොයන්න ගත්තහම උන්වහන්සේ ඉස්සෙල්ලාම කළේ මොකක්ද? මැවිල්ල අත්හැරියා. මැවිල්ල පටලෝගෙන මේක කරන්න බෑ. ඒ කියන්නේ මවපු දෙයක් තියෙනවා නම් ඒ මවපු එක්කෙනාට ඒක අයින් කරන්න පුළුවන්නේ. දැන් අපිට බැරිද අපි හදපු දේ කඩන්න. මනුස්සයා හදපු ඕනෙම දෙයක් මනුස්සයාට කඩන්න පුළුවන්. මනුස්සයෙක් මේ පෘථිවිය වැහෙන්න ගොඩනැගිලි හැදුවත් ඒ මනුස්සයාට ඒක කඩන්න පුළුවන්. හැදුවට පස්සේ කඩන්න බැරිනම් එයා ඒ හදපු එකේ වගකීමක් ගන්න බෑනේ. ඉතින් මේක මැවුම්කාරයෙකුට දාපු එක මුලින්ම අතඇරියා. තවත් එකක් අතඇරියා. ඒ තමයි ඉබේ හටගත්තු දෙයක් කියන එක අත්ඇරියා. ඇයි ඉබේ නම් මේ ඔක්කොම සිද්ධ වෙන්නේ අපට තියෙන්නේ මොකක්ද? බලාගෙන ඉන්න. ඇයි ඉබේම ඉතුරු එකත් වේවි.

උත්සාහ කිරීමෙන් වීරිය කිරීමෙන් පලක් නෑ....

ඉබේම වෙනවා කියලා බණ කියන පිරිසක් ඒ කාලේ හිටියා. ඒ කාලේ සමහරු කිව්වා කන්දක් උඩට ගිහින් නූල් බෝලයක් අතට අරන් ඒ නූලේ කෙලවර අල්ලගෙන ඒ නූල් බෝලේ පහලට වීසිකරපුවහම ඒ නූලේ දිග ප්‍රමාණයට ගිහිල්ලා නවතිනවා. ඒ වගේ උත්සාහ කරලා වීරිය කරලා මේකෙන් නිදහස් වෙන්න බෑ කිව්වා. අසූහාරදාහක් යෝනි වල උපදින්න තියෙනවා. ඒ ඉපදිලා ඉබේම විමුක්තිය කරා යනවා කිව්වා.

මේ මතවාද ඔක්කොම විපස්සී බෝසතාණන් වහන්සේ අතඇරලා තිබුනේ. අත්ඇරලා බැලුවා මේ ජරාමරණ වලට හේතුව මොකක්ද කියලා. අන්න විසඳෙන්න පටන් ගත්ත තැන. යමක හේතුව සෙවීම කියන්නේ නුවණැත්තෙකුට හොඳ මෙවලමක්. නුවණැත්තෙකුට හොඳ අරමුණක්. "**කිම්හි නු බෝ සති ජරාමරණං හෝති. කිම්පච්චයා ජරාමරණං**" කුමක් ඇති කල්හිද මේ ජරාමරණ තියෙන්නේ? මේ ජරාමරණ ඇතිවෙන්න හේතුව මොකක්ද? කියලා උන්වහන්සේ හොයන්න පටන් ගත්තා.

ජරාවෙන් දුකට පත්වෙලා ඔහු මැරෙන්නේ....

ජරාවට පත්වීම කියන්නේ මොකක්ද? ඒ ඒ සත්වයන්ගේ ඒ ඒ සත්ව නිකාය තුළ සත්වයා දිරාගෙන යනවා. අපි හිතුවද තරුණ වයසෙ ඉන්නකොට අපි මෙහෙම ජරාජීර්ණ වෙලා යයි කියලා? නෑ. කෙස් පැහෙනවා. ඇඟපත රැළි වැටෙනවා. දත් හැලෙනවා. ඇඟ පණ නැතිවෙනවා. ඇස් දෙක පෙනීම අඩුවෙනවා. කන් ඇහිල්ල දුර්වල වෙනවා. නාසයට ගඳ සුවඳ දැනිල්ල දුර්වල වෙනවා. මේ කනබොන ඒවායේ රහ දැනෙන්නෙ නැතුව යනවා. ඇඟපත හිරි වැටෙනවා. මෙහෙම වෙනවා වයසට යනකොට. එතකොට ආයුෂත් පිරිහීගෙන යනවා. මේකට තමයි ජරාවට පත්වීම කියලා කියන්නේ. මරණය කියලා කියන්නේ මොකක්ද? ඒ ඒ සත්වයන්ගේ ඒ ඒ සත්ව ලෝක වලින් චුත වීම. ඊළඟට ඒ උපතත් මරණයත් අතරේ පුද්ගලයෙක් මුහුණ දෙන කායික දුක්, මානසික දුක් ස්වල්පද?

ධර්මය නිසා මං මේ දුක ඉහිලුවා....

එක තරුණ අම්මා කෙනෙක් මගේ ළඟට ආවා. මේ අම්මා මට කියනවා 'අනේ ස්වාමීනී, මේ ධර්මය නොතිබෙන්න මම මෙහෙම සිහියෙන් කතා කරන්නෙ නෑ කිව්වා. ඔබවහන්සේගේ පොත්පත් කියවලා මේ වැඩසටහන් වලට ඇවිල්ලා මං මේ ධර්මය ඉගෙන ගත්තේ නැත්නම් මට මෙහෙම සිහියෙන් කතා කරන්න හම්බ වෙන්නෙ නෑ කිව්වා. ඒ අම්මගේ දරුවට වයස මාස දහයයි. අම්මා ළමයව හෝදලා පවුඩර් දාලා ඒ ගෙදර උඩ තට්ටුවේ සෙල්ලම් කර කර අම්මයි පුතයි සතුටින් හිටියා.

මේ අම්මා චුට්ටක් එහා මෙහා වෙච්ච වෙලාවේ මේ පැටියා බීරලු වැටේ එතිලා ලෙස්සලා බිමට වැටිලා. අම්මා එනකොට ළමයා නෑ. බලද්දි බිම වැටිලා. ඒ අම්මගේ ඇස් දෙක ඉස්සරහ තමන්ගේ ළමයා මැරුනා. ඒ අම්මා කියනවා 'අනේ මට මේ දරුදුක උහුලගන්න පුළුවන් වුනේ මේ ධර්මය අහපු නිසයි. එවෙලේ මං කිසා ගෝතමී වගේ ළමයත් අරන් බෙහෙත් හොයාගෙන දිව්වා. නමුත් ධර්මය නිසා මං මේක ඉහිලුවා' කිව්වා. මේ ධර්මය අහලා නොතිබුනා නම් ඒ අම්මට මොකක් වෙයිද?

ජරාමරණ හටගත්තේ හේතුවක් නිසා....

සාමාන්‍යයෙන් ජරාමරණ එනකොට අපි මොකක්ද කරන්නේ? සාමාන්‍යයෙන් අපි පොදුවේ කරන දේ කියන්න. ඉස්සර නම් ඉතින් විශේෂයෙන්ම වෙලාව බලනවා. වෙලාවට මක්කවත් වෙලාද කියලා.

උපන්න වෙලාව බලනවා මේ මොකක්ද වුනේ වයසට ගියා. වෙලාවේ වැරැද්දක්ද? ලෙඩ වෙලා ඉස්පිරිතාලේ. වෙලාවේ වැරැද්දක්ද? ඊටපස්සේ අපි මොකක්ද කරන්නේ? බෝධිපූජා තියනවා. තියලා අපි ඉල්ලන්නේ මොකක්ද? මේ ජරාමරණ වළක්වන්න කියලා.

නමුත් ඒක හේතුවකින් හැදිච්ච එකක්. ජරාමරණ හේතුවකින් හැදිච්ච එකක්. විපස්සී බෝසතාණන් වහන්සේ මේ ජරාමරණ වලට හේතුව හොයාගන්නවා. "**අථ බෝ විපස්සිස්ස බෝධිසත්තස්ස යෝනිසෝ මනසිකාරාය අහු පඤ්ඤාය අභිසමයෝ**" ඒ බෝසතාණන් වහන්සේ නුවණින් මෙනෙහි කරනකොට ප්‍රඥාවෙන් අවබෝධ වුනා මේ ජරාමරණ වලට හේතුව. මොකක්ද හේතුව? ඉපදීම. ඉපදීම නිසා ජරාමරණ හටගන්නවා කියන එක අපේ ඔළුවට ගියපු නැති එකක්. අපි වයසට යනකොට උපන් වෙලාව බලනවා. හදිසියේවත් අසනීප වුනොත් ආයෙ බලනවා. අපිට කවදාවත් හිතෙනවද ඉපදිච්ච නිසානේ මේ ඔක්කොම කියලා?

ඉපදුනු නිසයි වයසට ගිහින් මැරෙන්නේ....

ධර්මය අහපු නිසා අපිට දැන්නම් යම් විදිහකින් එහෙම හිතෙයි. "**ජාති බෝ සති ජරාමරණං හෝති**" ඉපදීම තියෙනකම් ජරාමරණ තිබේ. "**ජාති පච්චයා ජරාමරණං**" ඉපදීම නිසයි ජරාමරණ. එතකොට අපි මෙතෙක් කල් ඉපදුනා, වයසට ගියා, නොයෙක් ආකාරයේ ලෙඩ රෝග වලට භාජනය වුනා, මැරුනා, ආයෙ ඉපදුනා. මෙහෙම යන ගමනේ ඉවරයක් නෑ. එතකොට මේ ජරාමරණ වලට හේතුව මොකක්ද? ඉපදීම. ඔන්න මතක තියාගන්න කාරණාවක්.

මට මතකයි සුනාමි ආපු කාලේ සමහර අය මගෙන් ඇවිල්ලා අහනවා 'ඇයි ස්වාමීනී, අර වගේ මිනිස්සු මැරුණේ?' කියලා. දැන් උත්තරේ කියන්න. ඉපදීම නිසා. ඇයි මිනිස්සු මේ ඇක්සිඩන්ට් වෙලා මැරෙන්නේ? ඉපදීම නිසා. ඇයි අර ඉරාකයේ සිරියාවේ මිනිස්සු මහා දුකකට පත්වෙලා, බෙලි කැපුම් වලට බඳුන් වෙවී මැරෙන්නේ? ඉපදීම නිසා. ඇයි අර වෙන රටකට යන්න හදද්දි මහ මුහුදේ බෝට්ටු ගිලිලා මැරෙන්නේ? ඉපදීම නිසා. ඇයි මේ රටේ තිස් අවුරුද්දක් යුද්දේ වෙලා මිනිස්සු මැරුණේ? ඉපදීම නිසා.

කර්ම විපාකයන්ගේ බලපෑම....

ඉපදීමයි මේ ජරාමරණ වලට හේතුව කියන අර්ථය කෙනෙකුට අහුවුනොත් එතන ඉඳලා උත්තරේ තියෙනවා. එතකම් අපි වෙන වෙන උත්තර හොය හොය යනවා. අපි හිතනවා 'නෑ... මේක කර්මය' කියලා. ඇයි එහෙම එකකුත් තියෙනවනෙ අපේ ජීවිත පිටිපස්සෙන්. බුද්ධ දේශනාවේ තියෙනවා දීර්ඝායුෂ ලැබෙන කර්ම කරපු අයට දීර්ඝායුෂ ලැබෙනවා. ප්‍රාණඝාතාදිය කරපු අය කෙටි ආයුෂයෙන් මරණයට පත්වෙනවා. ඉරිසියා කරපු අයට විරූපී රූප ලැබෙනවා. මෛත්‍රී කරපු අයට පෙනුම ලැබෙනවා.

මේ වගේ එක එක වපුරපු ආකාරයට අස්වනු ලැබෙන රටාවක් අපේ ජීවිත පිටිපස්සේ තියෙනවා. මේක තියෙන්නෙත් ඉපදීමත් එක්කයි. අපිට ඉපදීම පේන්නේ නෑ. අපි අර ටික විතරක් අල්ලගන්නවා. ආයුෂ අඩුවුනේ මොකක් හරි එහෙනම් සංසාරේ කර්මයක් වෙන්න ඇති කියලා අපි ඒ කොටස ගන්නවා. හැබැයි

ඉපදීම නිසා මැරෙනවා කියන එක ගන්නෙ නෑ. ඉපදීම නිසා මැරෙනවා කියන අර්ථය ගන්නෙ නැති නිසා අපිට ධර්මය විවෘත වෙන්නෙ නෑ.

ලෙඩරෝග වලින් දුක් විඳින්නෙත් ඉපදීම නිසයි....

එහෙනම් ධර්මය විවෘත වෙන්න පටන් ගන්නෙ කොතනින්ද? ඉපදීම නිසා මැරෙනවා කියන එකෙන්. ඊට පස්සේ එතනින් නවතින්නේ නෑ. එයා හොයන්න පටන් ගන්නවා ඉපදුනේ මක් නිසාද? උපදින්න හේතු වෙච්ච කාරණය මොකක්ද? කියලා ආයෙ විමසනවා. දැන් ඔන්න අපි ගැනම කල්පනා කරමු මේක තේරුම් ගන්න. අපිට ඇස් රෝග හැදෙනවාද නැද්ද? කන් රෝග, දත් කැක්කුම්, ඇඟේ පතේ කැක්කුම්, හැදෙනවා. ඊළඟට මේ ශරීරයේ නිරතුරුවම තියෙන රෝගයක් පිපාසයත් බඩගින්නත්. ඒ වගේම තව රෝගයක් තියෙනවා. මුත්‍රා පහකිරීම, මලපහ කිරීම. මුත්‍රා පහකිරීමයි මලපහ කිරීමයි වෙලාවට කරන්න බැරිවුනොත් තියෙන අමාරුව කොහොම එකක්ද? එතකොට ඒ ඔක්කොම රෝග. නානාප්‍රකාර රෝග වලට බඳුන් වෙච්චි මේ ශරීරය තියෙන්නේ.

ඉපදුනේ ඇයි....?

ඒ අතරේ දැන් අපි ටිකෙන් ටික නාකි වෙවී යනවා. වයසට යන්න යන්න අපි තරුණ කාලේ කරපු දේවල් කිසි දෙයක් කරගන්න පුළුවන්ද? බෑ. ටික ටික වාරු නැති වෙනවා. ඒක අපටත් නොතේරීම වෙනවා. ඉස්සර එක දිගට වැඩ කරන්න පුළුවන්. කාලයක් යනකොට වැඩක් කරනකොට මහන්සියි. එහෙම වෙන්නෙ නැද්ද? එහෙම

වෙනවා. ඉස්සර හොඳට කොන්ද නමාගෙන වැඩ කරන්න පුළුවන්. දැන් කොඳු නමන්න බෑ. දණිස් නමන්න බෑ. වෙන්නෙ නැද්ද ඒවා? වෙනවා.

මෙහෙම වෙවී යනකොට දැන් ඔන්න අපි උත්තරේ හොයන්න මහන්සි ගත්තා කියමු. ඇයි අපට මෙහෙම වුනේ? කියලා අපි කල්පනා කරනවා කියමු. කල්පනා කරලා ඔන්න පළවෙනි උත්තරේ අල්ල ගත්තා. මොකක්ද ඒ? ඉපදීම. ඊළඟට හොයනවා මොකක්ද මේ ඉපදෙන්න හේතුව? **"කිම්හි නු ඛෝ සති ජාති හෝති"** මොකක් තියෙනකම්ද මේ ඉපදීම වෙන්නේ? **"කිම්පච්චයා ජාති"** කුමක් නිසාද උපදින්නේ? කියලා හොයන්න ගන්නවා එයා.

ඉපදීම කියන්නේ නින්දා ලැබිය යුතු එකක්....

ඉපදුනේ කුමක් නිසාද කියලා හොයන කොට තමයි මිනිස්සු අවුල් වෙලා ගියේ? කොටසක් කිව්වා මේ අපි උපන්නේ දෙවියෝ මවලා. ඊට පස්සේ කතා කරන්න දෙයක් නෑනේ. ඇයි මේ වෙන කෙනෙකුගේ නිර්මාණයක් නොවැ. අපි මවාපු කට්ටයක් නම් කරන්න දෙයක් නෑනේ දැන්. අපේ අයිතිකාරයා වෙන කෙනෙක්නේ. සමහරු කිව්වා අපි ඉබේ හටඅරන් කියලා. ඒත් කරන්න දෙයක් නෑ.

ඒ කිසිම කෙනෙකුට ඉපදීමට හේතුව අහුවුනේ නෑ. විපස්සී බෝසතාණන් වහන්සේ ඉපදීමට හේතුව හොයද්දි ඔන්න විවෘත වෙනවා. මේක හරිම සියුම් තැනක්. ඉපදීම නිසයි මේ ජරාමරණ කියන එකත් සියුම් එකක් අපට නොතේරුනාට. දැන් ජරාමරණ වලට

දැඩි ලෙස මිනිස්සු භාජනය වෙනකොට නින්දා ලැබිය යුත්තේ මොකක්ද? ඉපදීම. නමුත් ඉපදීමට මිනිස්සු නින්දා කරනවද කවදාවත්? නෑ. ඉපදීම නින්දා ලබන්නෙ නෑ. මං මේ කියන්නේ සත්‍ය ගවේෂක අයගේ ස්වභාවයක් ගැන. නින්දා ලැබිය යුත්තේ ඉපදීමයි.

ඉපදුනේ භවය නිසයි....

ජරාමරණ වලට හේතුව ඉපදීම නම් ඒ ඉපදීමට හේතුව හොයාගෙන ගියාම බුදු කෙනෙකුට විතරයි මේක අහුවුනේ. බුදු කෙනෙකුට අහුවෙච්ච නිසා අනිත් අයට අහුවුනා. මොකක්ද ඒ? **භවේ ඛෝ සති ජාති හෝති.** භවය ඇති කල්හි ඉපදීම ඇත. **භව පච්චයා ජාති.** භවය හේතුවෙනුයි උපදින්නේ. එහෙනම් භවය නිසා තමයි උපදින්නේ. මොකක්ද භවය කියන්නේ? දවසක් ආනන්ද හාමුදුරුවෝ බුදුරජාණන් වහන්සේගෙන් අහනවා "**භවෝ භවෝති භන්තේ වුච්චති. කිත්තාවතා නු ඛෝ භන්තේ භවෝ හෝති**" "ස්වාමීනී, භවය භවය කියලා කියනවා. භාග්‍යවතුන් වහන්ස, මේ භවය කියන්නේ කුමන කරුණු මතද?" කියලා ඇහුවා.

එතකොට බුදුරජාණන් වහන්සේ වදාළා. "**කාමධාතුවේපක්කඤ්ච ආනන්ද කම්මං නාභවිස්ස, අපි නු ඛෝ කාමභවං පඤ්ඤායේථාති**" ආනන්දය, කාම ධාතුවේ විපාකයක් පිණිස කර්මයක් නැත්නම් කාම භවයක් තිබේවිද? **නෝ හේතං භන්තේ.** ස්වාමීනී, එහෙම එකක් නෑ කියනවා. **ඉති ඛෝ ආනන්ද කම්මං ඛෙත්තං.** මෙසේ ආනන්ද කර්මයයි මේකේ කුඹුර. **විඤ්ඤාණං බීජං.** විඤ්ඤාණයයි පැළවෙන දේ. **තණ්හා සිනේහෝ.** තෘෂ්ණාව තමයි වතුර.

විස්මිත අවබෝධය....

එහෙනම් මතක තියාගන්න භවය කියන එකට එතන කරුණු තුනක් තියෙනවා. **ඉති ඛෝ ආනන්ද කම්මං ඛෙත්තං.** කර්මයයි කුඹුර. **විඤ්ඤාණං බීජං.** විඤ්ඤාණයයි බීජය. **තණ්හා සිනේහෝ.** සිනේහෝ කියන්නේ තෙත. තෘෂ්ණාව තමයි එතන තියෙන තෙත. ජලය. දැන් බලන්න හිතලා වියළිච්ච කුඹුරකට වී ඇටයක් දැම්මොත් පැළවෙයිද? නෑ. ඒ කුඹුරේ පස තෙත නම් පැළවෙනවා. එහෙනම් කුඹුර තිබුනත් වැඩක් නෑ තෙත නැත්නම්. පසයි බීජයයි තෙත් කිරීමෙන් තමයි පැළවෙන්න සුදුසුකම ලබාදෙන්නේ.

දැන් අපි කිව්වා **භව පච්චයා ජාති.** භවය නිසයි උපදින්නේ. ජාති කියන්නේ ඉපදීම. ඉපදීම බුදුරජාණන් වහන්සේ තෝරලා දෙනවා. **යා තේසං තේසං සත්තානං තම්හි තම්හි සත්තනිකායේ.** ඒ ඒ සත්වයන්ගේ ඒ ඒ සත්ව නිකායවල **ජාති** ඉපදෙනවා. **සඤ්ජාති** හටගන්නවා. **ඔක්කන්ති** බැසගන්නවා. **අභිනිබ්බත්ති** විශේෂයෙන් ඉපදෙනවා. **ඛන්ධානං පාතුභාවෝ.** රූප, වේදනා, සඤ්ඤා, සංඛාර, විඤ්ඤාණ කියන ස්කන්ධයන්ගේ පහළවීම. **ආයතනානං පටිලාභෝ.** ඇස, කන, නාසය, දිව, ශරීරය, මනස කියන ආයතනයන්ගේ ලැබීම.

නොයෙක් ආකාරයෙන් උපදිනවා....

දැන් ඔන්න හොඳට මතක තියාගන්න මේ ජරාමරණයන්ගේ හේතුව හොයද්දි ඒ අපගේ විපස්සී මහ බෝසතාණන් වහන්සේට අවබෝධ වුනා මේ ජරාමරණයන්ට හේතුව ඉපදීමයි කියලා. ඒ කියන්නේ

එහෙනම් මොනවද දිරුවේ? ඇස, කන, නාසය, දිව, ශරීරය, මනස. මේවා තමයි වෙනස්වීමට භාජනය වෙවී ගියේ. ඔබ දැකලා තියෙනවද ඉපදිච්ච ගමන් පූස් පැටව්, හූනෝ, බලු පැටව්, වඳුපැටව්, තව නොයේක් සත්තු, ලේන්නු, කුරුල්ලෝ දැකලා තියෙනවා නේද? සාමාන්‍යයෙන් පොඩි හමකින් වැහිච්ච චූටි මස් චුට්ටක් නේ. අල්ලන්න හිතෙන්නෙ නෑ. ඇයි අපේ ඇඟිලි වලට පොඩි වෙයි කියලා හිතෙනවා. අන්න ඉපදෙන විදිහ. අපිත් එහෙම නේද උපන්නේ?

ජීවිතේ සාප ලැබිය යුතු දෙයක් ඉපදීම....

මට මතකයි අපි දිල්ලියේ ඉස්පිරිතාලෙක ඉන්දෙද්දි උඩ තට්ටුවේ ඉඳලා ලිෆ්ට් එකෙන් ට්‍රොලියක අරගෙන ආවා පොඩි පෙට්ටියක්. ඒ සී කරපු චූටි පෙට්ටියක පූස් පැටියෙක් විතර ළමයෙක්. ඒ ළමයට මොකක් හරි අසනීපයක් නිසා වෙන්න ඇති නාහෙට බට ගහලා තිබුනේ. අපි ඉස්සරහින් අරගෙන ගියා. මං ළඟ හිටපු ස්වාමීන් වහන්සේලාට පෙන්නලා කිව්වා මේ බලන්න ඉපදීම කියලා. දැන් අමතක වුනාට අපිත් උපන්නේ එහෙම නේද? ඉපදිච්ච වෙලාවේ ඉඳලා ජරා මරණ වලට ගොදුරු වෙනවා. ජීවිතේ සාප ලබනවා නම් සාපලත් දෙයක් ඉපදීම කියන්නේ. 'අනේ.... ඇයි මං මේ ඉපදුනේ....' කියලා සිතුවිල්ලක් එක පාරක්වත් හිතට ඇවිල්ලා නැද්ද ඔබට? හිතිලා තියෙනවා.

මීට වඩා හොඳ එකක් දීපං....

එතකොට ඉපදුනා කියලා මොනවද ලැබුනේ? ආයතන හයක්. උපාදානස්කන්ධ පහක්. මේවා

ඉපැද්දෙව්වේ කුමකින්ද? භවය විසින්. මේක කවුරුවත් පුද්ගලයෙක් කරපු දෙයක් නොවෙයි. පුද්ගලයෙක් කළා නම් අපි හැමෝම ගිහිල්ලා ඒ උපද්දවපු කෙනාගේ බෙල්ලෙන් අල්ලගෙන 'අපිට මේ විදිහට එපා. මීට වඩා හොඳ එකක් දියං' කියලා කියන්න තිබුනා. එහෙම වුනේ නෑ. දැන් ඔන්න මහ බෝසතාණන් වහන්සේට අවබෝධ වුනා මේ උපන්නේ එක දෙයක් නිසා. මොකක් නිසාද? භවය නිසා.

මේ ටික මතක තියාගන්න හොඳට. හිමින් හිමින් මේ ටික අල්ලගත්තහම පැටලෙන්නෙ නෑ. පළමුවෙන්ම අපි කිව්වා අපේ ජීවිතයේ මූලිකම අර්බුදය තමයි ජරාමරණ. ජරාමරණ නමැති අර්බුදය ඉපැද්දෙව්වේ වෙන අර්බුදයක්. ඒ මොකක්ද? ඉපදීම. ඉපදීම කියන්නේ මොකක්ද කියලා අපි තේරුම් ගත්තා. ඒ ඒ සත්වයන්ගේ ඒ ඒ සත්ව නිකාය තුළ උපදිනවා. තිරිසන් ලෝකයේ, ප්‍රේත ලෝකයේ, නිරයේ, දිව්‍ය ලෝකයේ, මනුස්ස ලෝකයේ උපදිනවා. ඒ ඒ සත්වයන්ගේ සත්ව නිකාය තුළ උපදිනවා.

භවය නිසා ඉපදීම.... ඉපදීම නිසා ජරාමරණ....

උපදිනවා කියලා අපිට ලැබෙන්නෙ මොනවද? ආයතන හයක්. උපාදානස්කන්ධ පහක්. එහෙනම් මෙහෙම තේරුම් ගැනීමකට එන්න. මේ ලෝකෙ වේවා වෙනත් ලෝකෙක වේවා මේ ජාතියේ වේවා වෙනත් ජාතියක වේවා ඒ හැම තැනම ජරාමරණ තියෙන්නේ ඉපදීම නිසා. ඔන්න ඒ පළවෙනි කාරණය. දෙවෙනි කාරණය තමයි ඉපදුනේ භවය නිසා කියන එක. භවය

කියන්නේ මොකක්ද කියලත් අපි තේරුම් ගත්තා. භවය කියන එක බුදුරජාණන් වහන්සේ කරුණු තුනකින් කතා කළා. **කම්මං ඛෙත්තං. විඤ්ඤාණං බීජං. තණ්හා සිනේහෝ.**

ඒ දේශනාවෙදි බුදුරජාණන් වහන්සේ තව කරුණු කීපයක් විස්තර කරනවා. **හීන ධාතුයා චේතනා පතිට්ඨිතා. පත්ථනා පතිට්ඨිතා. විඤ්ඤාණං පතිට්ඨිතං.** කාම භවය විස්තර කළේ එහෙමයි. කාම භවයට උන්වහන්සේ පාවිච්චි කරපු වචනය හීනධාතු. හීනධාතු කියන එකේ තේරුම ලාමක ස්වභාවය. දැන් අපි මේ ඉන්නේ ලාමක ස්වභාවයේ. එතකොට හීනධාතුවේ තමයි මේ කුඹුර හැදුනේ. මේ කුඹුරේ විඤ්ඤාණය පැළවුනා. විඤ්ඤාණය පැළවුනේ තණ්හාවෙන් තෙත් වෙවී.

මේ කරුණු හොඳින් තේරුම් ගන්න....

එහෙනම් කලින් ආත්මේ අපේ විඤ්ඤාණය තිබුනේ මේ ලාමක ස්වභාවයේ පිහිටලා. ලාමක ස්වභාවයේ තමයි අපේ පැතුම තිබුනේ. ලාමක ස්වභාවයේ තමයි අපේ චේතනාව තිබුනේ. ඒ තිබ්බච්ච විඤ්ඤාණයට උපමනා කරන කුඹුර හැදුවේ කර්මයෙන්. එතකොට ඒ කර්මය නමැති කුඹුරත් විඤ්ඤාණය නමැති බීජයත් තෙත් කරලා දුන්නා තණ්හාවෙන්. ඒක තමයි භවය. බුද්ධ දේශනා වලින් මේ භවය ගැන විස්තරේ ගන්නෙ නැතුව මේක අපිට විසඳගන්න විදිහක් නෑ. මේ කරුණු බුද්ධ දේශනා ආශ්‍රයෙන්ම ඉගෙන ගත්තහම මේ ප්‍රශ්නය හැදෙන විදිහ හොඳට තේරුම් ගන්න පුළුවන්.

දැන් බලන්න හිතලා ඉපදුනාට පස්සේ ඇස තියෙනවා. කන තියෙනවා. නාසය තියෙනවා. දිව

තියෙනවා. කය තියෙනවා. මනස තියෙනවා. රූප තියෙනවා. විඳීම තියෙනවා. සඤ්ඤාව තියෙනවා. සංස්කාර තියෙනවා. චේතනා තියෙනවා. විඤ්ඤාණය තියෙනවා. පංච උපාදානස්කන්ධ තියෙනවා. මේවා හැදෙන්නේ කොතනද? භවයේ. **භවේ බෝ සති ජාති හෝති.** භවය ඇති කල්හි ඉපදීම වෙයි. **භව පච්චයා ජාති.** භවය ප්‍රත්‍යයෙන් ඉපදීම වෙයි.

හීන ධාතු.... මධ්‍යම ධාතු.... පණීත ධාතු....

එහෙනම් මේ ඇහැක්, කනක්, නාසයක්, දිවක්, කයක්, සිතක් මේ හයම භවයක හැදුනේ. අපි උපන්න භවයට කියන්නේ කාම භව. කාම භවයට බුදුරජාණන් වහන්සේ පාවිච්චි කළේ හීන ධාතු කියන වචනය. රූප භවයට උන්වහන්සේ පාවිච්චි කළා මජ්ඣිමා ධාතු (මධ්‍යම ස්වභාවය) කියන වචනය. අරූප භවයට උන්වහන්සේ පාවිච්චි කළා පණීත ධාතු (උසස් ස්වභාවය) කියන වචනය. මේ විදිහට භව තුනක් ගැන මේ ධර්මයේ විස්තර වෙනවා. මේ භව තුනට සත්වයන්ගේ ස්වභාවය කැරකිලා යනවා. අංගුත්තර නිකායේ තියෙන ඒ සූත්‍රය නොතිබෙන්න කිසි දවසක මේ ලෝකෙ කිසි කෙනෙකුට භවය කියන වචනය නිවැරදිව තෝරගන්න ලැබෙන්නෙ නෑ.

ගොඩක් අය භවය කියන වචනය පටලවා ගන්නවා....

භවය කියන වචනය හැම තැනම තෝරන්නේ වීම කියලා. අටුවා වලත් භවය කියන එක උප්පත්ති භව, කම්ම භව, විපාක භව කියලා නොයේක් ආකාරයට පටලවාගෙන

තියෙනවා. නමුත් බුද්ධ දේශනාවේ බොහොම නිරවුල්ව තියෙනවා. ඒ දේශනාව තියෙන්නේ අංගුත්තර නිකායේ තික නිපාතයේ. මොකක්ද ඒ දේශනාවේ ආනන්ද හාමුදුරුවෝ අහපු ප්‍රශ්නෙ? "ස්වාමීනී, භවය භවය කියනවා. භවය කියන්නේ කුමන කරුණු මතද?"

එතකොට බුදුරජාණන් වහන්සේ ආනන්දය, භවය කියන්නේ මේ කරුණු මතයි කියලා කිව්වේ නෑ. බුදුරජාණන් වහන්සේත් ප්‍රශ්නයක් ඇහුවා. මොකක්ද අහපු ප්‍රශ්නෙ? "ආනන්දය, කාම භවයෙහි විපාක පිණිස කර්මයක් සකස් වෙලා නැත්නම් කාම භවයක් තියෙනවාද?" නෑ ස්වාමීනී කිව්වා. එතකොට බුදුරජාණන් වහන්සේ දේශනා කරනවා **ඉති ඛෝ ආනන්ද කම්මං ඛෙත්තං.** මෙසේ ආනන්ද, කර්මයයි කුඹුර. **විඤ්ඤාණං බීජං.** විඤ්ඤාණය බීජයයි. **තණ්හා සිනේහෝ.** තෘෂ්ණාව තමයි තෙත් කරන්නේ.

තෘෂ්ණාවෙන් තෙත් වෙච්ච තමයි මේක හැදෙන්නේ....

ඔන්න එතකොට කර්මය නමැති කුඹුරේ විඤ්ඤාණය නමැති බීජය පැළවෙනවා. කවුරුහරි කෙනෙක් මැරුණට පස්සේ එයාගේ මොකක්ද චුතවෙන්නේ? විඤ්ඤාණය. කර්මය නමැති කුඹුරේ තණ්හාවෙන් තෙත් කරන්න පුළුවන් තැනක තමයි විඤ්ඤාණය ගිහින් පැළවෙන්නේ. ඔන්න අපේ විඤ්ඤාණය පෙර ආත්මෙක චුතවුනා. චුත වෙලා මේ ආත්මේ මිනිස් මව් කුසක ගිහිල්ලා මේ විඤ්ඤාණය බැසගත්තා. කර්මය නමැති කුඹුරේ විඤ්ඤාණය නමැති බීජය තැන්පත් වුනා. දැන් තෘෂ්ණාවෙන් තෙත් වෙච්ච විඤ්ඤාණය නමැති ගහ හැදෙනවා. පැළ වෙලා එනවා

ඇස, කන, නාසය, දිව, කය, මනස. කර්මය නමැති කුඹුරට අනුව පැලේ හැදිලා එනවා.

උපතින් ගෙනාපු ප්‍රමාණය ඉක්මවා යන්න බෑ....

විඤ්ඤාණය මව්කුසක බැසගෙන ඔහේ තියෙනවද? නෑ. කර්මය නමැති කුඹුරේ ඒකට ගැලපෙන ආකාරයට මේ මව්කුස ඇතුලේ ඇස් දෙක හැදෙනවා. කන් දෙක හැදෙනවා. නාසය හැදෙනවා. දිව හැදෙනවා. ශරීරය හැදෙනවා. මනස හැදෙනවා. එහෙම වෙලා තමයි එයා උපදින්නේ. එතකොට උපතින් ගෙනාපු මනසේ යම් ප්‍රමාණයක් තියෙනවද ඒ ප්‍රමාණය ඉක්මවා යන්න බෑ අපට කොච්චර දැඟලුවත්. උපතින් ගෙනාපු ශරීරයේ යම් ප්‍රමාණයක් තියෙනවාද ඒ ප්‍රමාණය ඉක්මවා යන්න බෑ. උපතින් ගෙනාපු පෙනීමේ යම් ප්‍රමාණයක් තියෙනවාද ඒක ඉක්මවා යන්න බෑ. උපතින් ගෙනාපු සවන් දීමේ යම් ප්‍රමාණයක් තියෙනවාද ඒක ඉක්මවා යන්න බෑ. උපතින් ගෙනාපු යම් ආයුෂක් තියෙනවාද ඒවා ඉක්මවා යන්න බෑ. ඒක ඉක්මවා යන්න නම් නම් එයා හිතේ උපද්දවලා තියෙන්න ඕනෙ ඉර්ධිපාද. ඉර්ධිපාද උපද්දවපු කෙනෙකුට වෙනසක් කරන්න පුළුවන්. ඉර්ධිපාද උපද්දවපු නැති කෙනෙකුට බෑ.

තමන්මයි තමන්ට පිහිට....

දැන් හිතන්න ඔබ මෙහෙම. කර්මය නමැති කුඹුර නැත්නම්, විඤ්ඤාණය නමැති බීජයකුත් නැත්නම්, තෘෂ්ණාව නමැති තෙතකුත් නැත්නම් භවයක් තිබෙයිද? භවයක් නෑ. එහෙනම් අපි අපිට මෙහෙම වේවා මෙහෙම

වේවා කියලා ප්‍රාර්ථනා කළාට හරියන්නෙ නෑ. ඇයි හේතුව? තමන්ම බැඳගත්තු බෙර තමන්ම ගගහ ඉන්නේ. තමන්ම කරගත්තු දෙයක් නම් තමන් විඳෝ විඳෝ ඉන්නේ මේක කවදාහරි තමන්ම ලෙහා ගන්න ඕනේ. තමන්ම ලෙහා ගන්න කම් බාහිර ලෝකෙ කිසි කෙනෙකුට මේක ලෙහලා දෙන්න බෑ.

ඒකයි බුදුරජාණන් වහන්සේ පෙන්නුවේ "මහණෙනි, තමන්මයි තමන්ට පිහිට. බාහිර කෙනෙක් නෙමෙයි" කිව්වා. බුදුරජාණන් වහන්සේ පෙන්වා දුන්නා භවය නිසා තමයි මේ ඇස, කන, නාසය, දිව, කය, මනස හැදුනේ. එතකොට භවය කියලා කිව්වේ යම්කිසි තැනක්. ඒ කියන්නේ කර්මය වැඩකරන තැනක්. අපි ඉපදිලා ඉන්න මේකට මොන භවය කියලද කියන්නේ? කාම භවය. මේක මොන ධාතුද? හීන ධාතු. දැනටමත් අපේ හිත තියෙන්නේ හීන ධාතුවකද ප්‍රණීත ධාතුවකද? හීන ධාතුවකනේ මේ චේතනාව තියෙන්නේ. හීන ධාතුවකනේ අපේ පැතුම තියෙන්නේ. හීන ධාතුවේනේ විඤ්ඤාණය පිහිටලා තියෙන්නේ.

කර්මය නමැති කුඹුරේ විඤ්ඤාණය බැසගන්නවා....

භවය නිසයි මේ ඉපදිලා තියෙන්නේ කියන කාරණය දැන් පැහැදිලියි. එතකොට දැන් ඔන්න ජරාමරණ ඇතිවුනේ ඉපදීම නිසා. ඉපදීම කිව්වේ ඒ ඒ සත්ව ලෝකවල ඒ ඒ සත්වයෝනි වල ඉපදීම. මව්කුසක බැසගත්තා කියන්නේ ඉපදීම. ඔක්කන්ති කියලා කියන්නේ මව්කුසක බැසගැනීම. මව්කුසක බැසගන්න තල්ලුව දුන්නේ මොකෙන්ද? භවයෙන්. භවය තමයි ඒකට උවමනා

කරන සම්පූර්ණ පරිසරය හැදුවේ. එහෙම නැත්නම් මව්කුසක බැසගන්නෙ නෑ. විඤ්ඤාණය නිරුද්ධ වෙනවා. විඤ්ඤාණය නිරුද්ධ වුනොත් පිරිනිවන් පානවනේ. දැන් තියෙන විඤ්ඤාණයේ ස්වභාවය නිරුද්ධ වෙන්නෙ නෑ. කර්මයෙන් හදන තැනට ගිහිල්ලා එතන බැසගන්නවා. තණ්හාවෙන් තෙත් වෙවී හැදෙනවා. එහෙමයි මේක වෙන්නේ.

හීන ධාතුවේ ප්‍රාර්ථනාව පිහිටලා තිබුනා....

දැන් බලන්න හිතලා ඔබට මතකද මං උදේ කිව්ව අර කාවෙක් වෙච්ච භික්ෂුවගේ කතාව? ඒ සිවුර වැලේ දැම්මා හෙට පොරවන්න කියලා හිතාගෙන. ඒ ස්වාමීන් වහන්සේට ඒ වාත අමාරුවක් හැදුනා. හොඳට පින් රැස්කර කර හිටපු කෙනා. නමුත් අර හීන ධාතුවේ ප්‍රාර්ථනාව පිහිටලා තිබුනා මං මේ සිවුර හෙට පොරවනවා කියලා. ඒ සිවුර අයිති මොකේටද? සිව්පසයට. සිව්පසයට අයත් දේ කෙරෙහි හිත බැඳිලා තිබුනා. බලන්න ඒක නරකට ගියපු හැටි.

මේ සීලවන්ත, ධර්මය වැඩූ කෙනෙක් සිවුරකට ආසා කරලා එච්චර කරදරයක වැටුනා නම්, දැන් මේ වර්තමානයේ ඉන්න මහා ඕලාරික ගතිගුණ තියෙන ගොරෝසු චරිත කොහොම ඇඹරිලා යනවා ඇද්ද මැරුණට පස්සේ. අපිට හිතාගන්න බෑ. දැන් ඔන්න වාත අමාරුව හැදිලා ඒ අපවත් වුනා. විඤ්ඤාණය චුතවෙලා උපතක් කරා ගියා. කාවෙක් වෙලා උපන්නා. එතකොට දැන් බලන්න හිතලා භවය නිසානේ උපදින්නේ. එහෙනම් එතන කර්මයට විපාක දෙන්න යම්කිසි තැනක් තිබුනා. එතන තෘෂ්ණාව තිබුනා.

කොච්චර සත්තු ඔහොම කෑගහනවා ඇද්ද.....!

තෘෂ්ණාව නැත්නම් කොහොමද සිවුර ගන්න කොට මාගේ වස්තුව පැහැර ගන්නේය. මාගේ වස්තුව පැහැර ගන්නේය කියලා කෑ ගහන්නේ. අර කාවා කෑගැහුවනේ මාගේ වස්තුව පැහැර ගන්නේය කියලා. ඔහොම කොච්චර මේ සත්තු කෑගහනවා ඇද්ද මගේ මගේ කිය කිය. අපි දන්නවද? නෑ. හැබැයි එතන ඊළඟට මොකද වුනේ? ඒ සිවුර කවුරුවත් ගත්තෙ නෑ. ඔන්න මේ කාවා සංසිඳුනා. දැන් ඔන්න දවස් හතේ කාල පරිච්ඡේදය ඉවර වෙලා ආයෙ විඤ්ඤාණය චුත වුනා. චුත වුනාම ආයෙ ඒ කර්මය විපාක දෙන්න තව තැනක් තියෙනවා. කොහෙද? තුසිතයේ. විඤ්ඤාණය එහෙට ගිහින් එහේ ඕපපාතිකව උපන්නා. දැක්කද මේ රටාව යන හැටි.

තනියම තේරුම් ගන්න අමාරුයි....

මේ හැම එකක්ම අපිට තනියම තේරුම් ගන්න අමාරුයි. ජරාමරණ වලට භාජනය වෙච්ච කෙනෙකුට මේකට හේතුව ඉපදීමයි කියලා හොයාගැනිල්ල අමාරුයි. ඉපදීම හොයාගත්තු කෙනෙකුට මේ ඉපදුනේ භවය නිසා කියලා හොයාගන්න අමාරුයි. ඒකනේ මේකට බුදුවරුම පහළ වෙන්නේ. මහා ලොකුවට දැන් ලෝකය දියුණුයි කියලා කෑගහනවා. එහෙනම් මේ කාලෙත් වෙන කෙනෙක් හොයාගන්න එපැයි මේක. ලෝකෙ වෙන කිසි කෙනෙකුට හොයාගන්න බෑ. වැහිලාම යනවා. එන්න එන්න අන්ධකාරය.

භවය හටගත්තේ කුමක් නිසාද....?

ඒ විපස්සී බෝසතාණන් වහන්සේ ආයෙත් විමසනවා. "**කිම්හි නු බෝ සති භවෝ හෝති. කිම්පච්චයා භවෝ**" භවය තියෙන්නේ කුමක් තියෙන කොටද? භවයට හේතුව මොකක්ද? මේ ප්‍රශ්නය තවත් ලිහිල් කරලා කියනවා නම් මෙහෙමයි කියන්න ඕනෙ. කර්මය කුඹුරක් වශයෙන්, විඤ්ඤාණය බීජයක් වශයෙන්, තණ්හාව තෙතක් හැටියට, හීන ධාතුවේ ප්‍රාර්ථනාව පිහිටලා තියෙන්නේ මක් නිසාද? කියලා අන්න එහෙමයි අහන්න ඕනෙ ප්‍රශ්නෙ. මං මේ ප්‍රශ්නය අහන හැටි ඔබට කියාදෙන්නේ.

තවත් ලිහිල් කරලා මේ ප්‍රශ්නය අහනවා නම් මෙහෙමයි අහන්න තියෙන්නේ. කුමක් තියෙනකොටද කර්මය කුඹුරක් හැටියට තියෙන්නේ? කුමක් තියෙනකොට ද විඤ්ඤාණය බීජයක් හැටියට පැළවෙන්නේ? කුමක් තියෙනකොටද තණ්හාවෙන් තෙත් වෙන්නේ? ඒ විදිහට විස්තර වශයෙන් අපි ඇහුවේ මොන ප්‍රශ්නය ද? කුමක් තියෙනකොට ද භවය වෙන්නේ? කියන ප්‍රශ්නය. භවය කියන්නේ මොකක්ද? විපාක පිණිස කර්ම රැස්වීම.

භවය කියද්දි මේ ඔක්කොම මතක තියෙන්න ඕනෙ....

විපාක පිණිස කර්ම රැස්වීම කියන්නේ මොකක්ද? **ඉති බෝ ආනන්ද කම්මං ඛෙත්තං.** කර්මය කුඹුරයි. **විඤ්ඤාණං බීජං.** විඤ්ඤාණය තමයි පැළවෙන දෙය. **තණ්හා සිනේහෝ.** තණ්හාව තමයි ජලය. ඊළඟට හීනධාතුවේ චේතනාව පිහිටියා. හීනධාතුවේ පැතුම

පිහිටියා. භීනධාතුවේ විඤ්ඤාණය පිහිටියා. ඒ ඔක්කෝම තනි වචනෙකින් කිව්වොත් මොකක්ද? භවය. එතකොට භවය කියනකොට අර ඔක්කොම මතක තියෙන්න ඕනෙ. භවය කියන වචනය කෙටි කරලා තමයි අපි කියන්නේ විපාක පිණිස කර්ම සකස්වීම කියලා.

නමුත් බුදුරජාණන් වහන්සේ ඒක විස්තර වශයෙන් පෙන්වා දීලා තියෙනවා. ඒක තේරුම් ගන්න පුළුවන් නම් එයාට තනියම භවය කියන එක තෝරගන්න පුළුවන්. ඒක තනියම තෝරගන්න බැරිනම් එතනින් එහාට යන්න බෑ. එතකොට භවය තියෙන්නේ කුමක් නිසාද? කියන ප්‍රශ්නය අහද්දි ඒක ඇතුලේ තියෙනවා අර ඔක්කොම. මොනවද ඒ? විපාක පිණිස කර්ම සකස් වීම. කර්මය කුඹුරක් හැටියට තිබීම. විඤ්ඤාණය බීජයක් හැටියට තිබීම. තණ්හාවෙන් තෙත් කිරීම. භීන ධාතුවේ ප්‍රාර්ථනාව පිහිටීම. හීන ධාතුවේ පැතුම පිහිටීම. මේ ඔක්කෝම තියෙන්නේ කුමක් නිසාද? අන්න ප්‍රශ්නෙ හරි විදිහට විස්තර කළා. දැන් තේරුනාද කියපු එක.

සක්කාය දිට්ඨියෙන් ගැලවෙන්න පුළුවන්....

අපි මේක පැහැදිලිව තේරුම් ගත්තොත් තමයි අපිට සක්කාය දිට්ඨියෙන් ගැලවෙන්න පුළුවන් වෙන්නේ. දැන් විපස්සී බෝසතාණන් වහන්සේ හොය හොය ඉන්නේ මොකක්ද? **කිම්හි නු බෝ සති භවෝ හෝති.** කුමක් තියෙනකොට ද මේ භවය වෙන්නේ? **කිම්පච්චයා භවෝ.** භවය කුමක් ප්‍රත්‍යයෙන් ද වෙන්නේ? කියන කාරණයයි. ඒ කියන්නේ විපාක පිණිස කර්මයක් සකස් වෙලා තිබීම, කර්මය කුඹුරක් හැටියට තිබීම, විඤ්ඤාණය බීජයක් හැටියට තිබීම, තණ්හාවෙන් තෙත් කරමින් තිබීම, හීන

ධාතුවේ පැතුම තිබීම, චේතනාව තිබීම, විඤ්ඤාණය තිබීම. මේවා තිබෙන්නේ කුමක් නිසාද? කියලා.

උපාදාන නිසයි භවය හටගන්නේ....

ඒ ප්‍රශ්නෙ තව විදිහකින් අහන්න පුළුවන්. කුමක් ඇති කල්හිද කාම භවය වෙන්නේ? කුමක් ඇති කල්හිද රූප භවය වෙන්නේ? කුමක් ඇති කල්හිද අරූප භවය වෙන්නේ? කියලා. මේවයි විස්මයජනක සොයාගැනිලි. **විපස්සිස්ස බෝධිසත්තස්ස යෝනිසෝ මනසිකාරා අහු පඤ්ඤාය අභිසමයෝ.** විපස්සී බෝසතාණන් වහන්සේ යෝනිසෝ මනසිකාරයේ යෙදෙද්දි ඔන්න ප්‍රඥාවෙන් අවබෝධ වුනා. **උපාදානේ ඛෝ සති භවෝ හෝති.** උපදාන තියෙනකොටයි භවය වෙන්නේ. **උපාදාන පච්චයා භවෝ.** උපාදානය හේතුවෙනුයි භවය වෙන්නේ.

එතකොට මේ භවයට හේතුව හොයාගෙන යනකොට සම්මා සම්බුදු රජාණන් වහන්සේලාට අවබෝධ වෙනවා උපදාන ඇති කල්හි භවය වෙයි. උපදාන ප්‍රත්‍යයෙන් භවය වෙයි කියන කාරණය. එහෙනම් අර සිද්ධි ටික ඔක්කොම වුනේ (විපාක පිණිස කර්ම සකස්වීම, විඤ්ඤාණය පැළවෙන තැනක් හැටියට කර්මය සකස්වීම, තණ්හාවෙන් ඒක තෙත් කරලා දීම, හීන, මධ්‍යම, ප්‍රණීත ධාතුවල ප්‍රාර්ථනා, චේතනා සහ විඤ්ඤාණය පිහිටලා තිබීම) මේ ඔක්කෝම වෙන්නේ මොකෙන්ද? උපාදානය නිසා.

තුන් භවයම උපාදාන නිසා....

උපාදානය නිසා හැදෙන එකක් තමයි කාම භවය. උපාදානය නිසා හැදෙන එකක් තමයි රූප භවය.

උපාදානය නිසා හැදෙන එකක් තමයි අරූප භවය. කාම භවය නිසා හැදෙන එකක් තමයි ඉපදීම. රූප භවය නිසා හැදෙන එකක් තමයි ඉපදීම. අරූප භවය නිසා හැදෙන එකක් තමයි ඉපදීම. ඉපදීම නිසා හැදෙන එකක් තමයි ජරාමරණ. කොහේ උපන්නත් ඉපදීම නිසා ජරාමරණ. දැන් ඒ කොටස පැහැදිලියි.

ඊළඟට බුදුරජාණන් වහන්සේ දේශනා කරනවා **චත්තාරිමානි භික්ඛවේ උපාදානානි.** මහණෙනි, උපාදාන සතරකි. උපාදාන කියන එකේ තේරුම අහුවෙනවා කියන එක. දැන් අපි කියමු අපිව අහුවෙනවා මොකේකට හරි. අපිව මොකේකට හරි කොටුවෙනවා. තවත් තේරෙන විදිහට කියනවා නම් ඔන්න අපි වතුරක යනවා. යද්දි සුළියක් තියෙනවා මැද්දේ. මේ සුළියට අපි අහුවෙනවා. සුළියට අහුවුනහම සුළියෙන් හැදෙන තැනටයි එයාට යන්න වෙන්නේ. වෙන තැනකට යන්න බෑ. සුළියට අහුවුනාම දඟලලා බේරෙන්න බෑ. සුළිය අපිව අල්ලනවා. අන්න එහෙම එකක් මේකේ වෙන්නේ.

උපාදාන කියන්නේ ග්‍රහණය වීමටයි....

මේ පුද්ගලයා දැඩි ග්‍රහණයකට අහුවෙනවා. පුද්ගලයා යමක් ග්‍රහණය කරගන්නවා නෙමෙයි. යමක ග්‍රහණයට පුද්ගලයා අහුවෙනවා. ඒකයි මේකේ තියෙන්නේ. අපි කියමු ගතිගුණ නරක පිරිමි ළමයෙක් ඉන්නවා. තමන්ගේ දූ යාළු වෙනවා මේ පිරිමි ළමයත් එක්ක. දැන් දෙමව්පියෝ නොයෙක් වීරිය මහන්සිය ගන්නවා දරුවා බේරගන්න. ගනිද්දි ගනිද්දි අන්තිමට මේ ඉතාම නරක ළමයත් එක්ක අර කෙල්ල පැනලා යනවා. දෙමව්පියෝ මොකක්ද කියන්නේ? අපිට කරන්න දෙයක්

නෑ. එයා අහුවුනා. එයාව නිදහස් කරගන්න බෑ කියලා අපි කියන්නෙ නැද්ද? එතකොට කාගේ ග්‍රහණයට ද අහුවුනේ එයා? අර කොලුවගේ ග්‍රහණයට අහුවුනේ.

අන්න ඒ වගේ යම්කිසි දෙයක ග්‍රහණයට අහුවෙනවා. මොනවයේ ග්‍රහණයටද අහුවෙන්නේ? කාමයේ ග්‍රහණයට අහුවෙනවා. මොනවද කාමය කියන්නේ? ලෝකයේ ප්‍රියමනාප ආකර්ෂණීය රූප තියෙනවා. ප්‍රියමනාප ආකර්ෂණීය ශබ්ද තියෙනවා. ප්‍රියමනාප ආකර්ෂණීය සුවඳ වර්ග තියෙනවා. ප්‍රියමනාප ආකර්ෂණීය රස වර්ග තියෙනවා. ප්‍රියමනාප ආකර්ෂණීය ස්පර්ශ තියෙනවා. මේවට කියන්නේ කාමගුණ, ලෝකයේ හැම තැනම විවිධ විචිත්‍ර ආකාරයෙන් නිරතුරුවම තියෙන්නේ ඒවා. උපන් සත්වයා මේ කාමයේ ග්‍රහණයට හසුවෙනවා.

උපාසිකාවකගේ වේශයෙන් ආ වෙසඟන....

මහා පින්වන්ත අයටත් එහෙම වෙනවා. බුද්ධ කාලේ එක ධනවත් පවුලක තරුණයෙක් පැවිදි වුනා. මහණ වුනාට පස්සේ ඒ නගරයේ තිබ්බ්ච උත්සවයක් වෙලාවක ඒ දෙමව්පියෝ අඬනවා 'අනේ..... අපේ ළමයත් අද හිටියා නම්....' කියලා. එතකොට වෙසඟනක් කියනවා මං කොල්ලව සිවුරු අරවලා එක්කන් ආවොත් මොකද කියන්නේ? කියලා අහනවා. එක්කන් ආවොත් ඉතින් උඹ තමයි මේ ගෙදර අධිපති කියනවා. ඒ කියන්නේ බන්දලා දෙන්නම් කිව්වා. සල්ලි අරගෙන ගියා.

ගිහිල්ලා ගෙයක් කුලියට අරගෙන සැදැහැවත් දායිකාවක් හැටියට පෙනී සිටිමින් දානෙ දෙන්න පටන් ගත්තා. සේවකයෝ ටික ගේ ඇතුලේ හංගලා තිබ්බා

එළියට එන්න එපා අඳුනගනියි කියලා. දැන් ඉතින් අලුතින් සේවකයෝ කුලියට අරන් දානමාන දෙනවා මේ උපාසිකාව. බුදුරජාණන් වහන්සේ ජීවමානව ඉන්න කාලේ වෙච්ච දෙයක් මේ. මේ භික්ෂුව හරි ප්‍රසිද්ධයි ධුතාංගධාරීයි කියලා. පිණ්ඩපාතෙන් විතරයි වාසය කරන්නේ. ගෙදරක දානෙවත් පිළිගන්නේ නෑ.

රසයට අහුවුනා....

ඔහොම ඉඳලා දවසක් අර ගෙදරට පිණ්ඩපාතේ ගියා. අර වෙසඟන හොඳට රහට හදලා දානෙ දුන්නා. අන්න එතනදි එක දේකට අහුවුනා. මොකක්ද ඒ? දිවට දැනෙන රසයට අහුවුනා. දැන් ධුතාංගත් මතක නෑ. රසයට අහුවුනා. ටික දවසක් ගියා. දැන් මෙයා අර භික්ෂුවගේ ප්‍රධාන දායිකාව බවට පත්වුනා. දවසක් මේ භික්ෂුව ඒ ගෙදරට වැඩියහම සේවකයෝ ඇවිල්ලා කිව්වා 'අනේ ස්වාමීනී, අපේ නෝනා අසනීප වෙලා. සෙත් පිරිත් ටිකක් කියවගන්න ඔබවහන්සේ වඩිනකම් මේ බලන් ඉන්නේ' කිව්වා. කොහෙද කියලා ඇහුවා. උඩ තට්ටුවේ කාමරේ ඉන්නවා. නැගිටගන්න බෑ කිව්වා.

උඩ තට්ටුවට ගියා. උඩ තට්ටුවට ගියා විතරයි මහණ කමට තට්ටු වුනා. අර වෙසඟන උපැවිදි වෙන්න කියලා ඉල්ලා හිටියා. මුළා වුනා. සිව්රු ඇරියා. ඊට පස්සේ මේ කොල්ලව සරසලා කරත්තෙක පටවගෙන සින්දු කිය කිය එක්කන් ගියා. එතකොට භික්ෂූන් වහන්සේලා ගිහිල්ලා බුදුරජාණන් වහන්සේට මේ කාරණය කිව්වා. එතකොට බුදුරජාණන් වහන්සේ ඔය භික්ෂුව කලින් ආත්මෙකත් රසයට ගිජුවීම නිසා කරදරේ වැටුනා කියලා ජාතක කතාවක් දේශනා කළා.

ග්‍රහණය නොවී ඉන්න නම් විශාල පින් බලයක් ඕන....

එතකොට බලන්න මේ උපාදානය කියන්නේ මොන වගේ එකක්ද කියලා. රසයට ග්‍රහණය වුනාම හිරේ විලංගුවේ වැටුනා වගෙයි. ස්පර්ශයත් එහෙමයි. ස්පර්ශයකට ග්‍රහණය වුනොත් මේ හොඳ දෙමව්පියෝ ඉන්න පවුල්වල දරුවෝ ස්පර්ශයේ ග්‍රහණය නිසා නරක සම්බන්ධ හදාගෙන නවත්තපං කිය කිය අවවාද කරද්දිත් විනාශය කරාම යනවා. කඹෙන් බැඳලා තියන්නත් බෑ කඩාගෙන යනවා. මේ මොකක්ද හොයාගෙන යන්නේ? ස්පර්ශය. ග්‍රහණය වෙනවා. බේරිලි බොරු. ග්‍රහණය නොවී ඉන්න නම් එයාට හරි පින් බලයක් තියෙන්න ඕනෙ.

රූපයට ග්‍රහණය වෙනවා. ශබ්දයට ග්‍රහණය වෙනවා. සුවඳට ග්‍රහණය වෙනවා. රසයට ග්‍රහණය වෙනවා. ස්පර්ශයට ග්‍රහණය වෙනවා. ඒකට කියන්නේ කාම උපාදාන කියලා. කාමයට අහුවුනාට පස්සේ ඒ මුල් කරගෙන එයා කයෙන් වචනයෙන් සිතෙන් ක්‍රියා කරනවා. එතකොට කාම උපාදානයෙන් කර්ම හටගන්නවා. ඊළඟට දිට්ඨි උපාදාන. මේ ලෝකෙ තියෙන නානාප්‍රකාර මත, දෘෂ්ටි, අදහස්, වලට අහුවෙනවා. අහුවුනාට පස්සේ සම්මා දිට්ඨිය නැතුව ගිහිල්ලා බනින්න ඕන එක්කෙනාට ප්‍රශංසා කරනවා. ප්‍රශංසා කළයුතු එක්කෙනාට ගරහනවා. එහෙම දේවල් මේ ලෝකෙ වෙනවා.

දෘෂ්ටි උපාදානය හරිම භයානක එකක්....

දිට්ඨිගහනං, දිට්ඨික්ඛන්ධං, දිට්ඨිකන්තාරං, දිට්ඨිවිසූචිකං කියලා එක එක නම් වලින් බුදුරජාණන්

වහන්සේ විස්තර කරනවා මේ දෘෂ්ටි ගැන. දෘෂ්ටියකට ග්‍රහණය වුනාමත් ආයෙ බේරන්න බෑ. දැන් බලන්න මේ බටහිර රටවල් වල පොඩි ගෑණු ළමයි, පිරිමි ළමයි ගෙවල් අතඇරලා දාලා අර ඉරාකෙටයි සිරියාවටයි පැනලා යනවා යුද්ධ කරන්න. මෙහේ ඒ කාලේ එල්ටීටීඊ එකට පොඩි කෙල්ලෝ කොල්ලෝ බැඳුනා වගේ. මේ දෘෂ්ටි උපාදානය නිසා තමයි අන්තවාදී දේශපාලන පක්ෂ වලට බැඳෙන්නෙ. අන්තවාදී ආගමික කණ්ඩායම් වලට බැඳෙන්නේ. ඇයි ඒවායේ උගන්වන්නේ මොකක්ද? මේකට වරෙන්. මේක කරපන්. කෙලින්ම ස්වර්ගයේ කියනවා. ස්වර්ගයේ ගිය ගමන් අප්සරාවෝ හැත්ත දෙකක් ලැබෙනවා කියලා කියනවා.

මං එක වීඩියෝ ක්ලිප් එකක් දැක්කා. ඉරාකයේ අවුරුදු දහඅටක විතර කොලුවෙක්. බෝම්බ ටිකක් පටවගෙන ජීප් එකකට පුපුරවාගෙන මරාගෙන මැරෙන්නයි මේ යන්න හදන්නේ. එයා යන්න කලින් කියනවා අපේ ආගමට අනුව මිසදිටුවන් මරාගෙන මැරුනොත් අපි කෙලින්ම ස්වර්ගයේ යනවා. ගියහම නිකම් නෙමෙයි අපිට අප්සරාවෝ හැත්තෑ දෙකක් හම්බ වෙනවා කියනවා. අප්සරාවෝ හැත්තෑ දෙකක් ගන්න හිතාගෙන මේ කොල්ලා ගිහිල්ලා ජීප් එක පුපුරව ගත්තා. ඒකත් පෙන්නුවා වීඩියෝ එකේ.

ග්‍රහණය වුනාම ඇත්ත පේන්නෙ නැතුව යනවා....

මේවා තමයි දිට්ඨි උපාදාන. සමහරු නවීන විද්‍යාව උපාදාන කරගන්නවා. හැම එකක්ම විද්‍යාවෙන් මනින්න හදනවා. ඒ දිට්ඨි උපාදාන. එහෙම වෙච්ච

ගමන් යමක තියෙන ඇත්ත ස්වභාවය පේන්නේ නැතුව යනවා. අන්න ඒක තමයි උපාදානයකට ග්‍රහණය වුනාම වෙන්නේ. බුදුරජාණන් වහන්සේගේ ධර්මයේ තියෙනවා "**රත්තෝ අත්ථං න ජානාති. රත්තෝ අත්ථං න පස්සති. අන්ධන්තමං තදා හෝති. යෝ රාගෝ සහතේ නරං**" රාගය ඇතිවෙච්ච වෙලාවට මෙයා කාගේ කවුද කියලා මුකුත් පේන්නෙ නෑ කියනවා. ඒ වෙලාවට ඒ පුද්ගලයාගේ හිත වැහිලා තියෙන්නේ කියනවා. රාගයට, ද්වේෂයට මෝහයට තුනටම මේ විදිහට පෙන්වා දීලා තියෙනවා. කාම උපාදානයට ග්‍රහණය වෙනවා. දෘෂ්ටීන්ට ග්‍රහණය වෙනවා.

මමය, මාගේය කියන හැඟීමටත් ග්‍රහණය වෙනවා....

ඊළඟ එක අත්තවාද උපාදාන. අත්තවාද උපාදාන කියන්නේ මෙතන වෙනස් වෙන්නෙ නැති ආත්මයක් තිබේ කියලා හැඟීමක් තියෙනවා. අන්න ඒ හැඟීමට ග්‍රහණය වෙනවා. අපි කා තුළත් අපි ලෝකෙ දිහා බලද්දි මේ බලන කෙනෙක් ඉන්නවා කියලා හිතේ හැඟීමක් තියෙනවා. යමක් අහද්දි අහන කෙනෙක් ඉන්නවා කියලා හිතේ හැඟීමක් තියෙනවා. හීනත් පේනවා හැබැහින් වගේ. තවත් මුළා වෙනවා. මමය, මාගේය, මාගේ ආත්මය කියන හැඟීමට ග්‍රහණය වෙලා යනවා.

ඊළඟට සීලබ්බත උපදාන. සීලව්‍රත වලට උපාදාන වෙලා ඉන්නවා. ව්‍රත කිව්වේ අධිෂ්ඨාන කරගෙන ඉන්න එක එක දේවල්. මේවට ග්‍රහණය වෙලා ඉන්නවා. දැන් අපි ආයෙත් මුල ඉඳන් බලමු. ජරාමරණ ඇතිවුනේ

මොකෙන්ද? ඉපදීමෙන්. එතකොට ඉපදීමත් එක්ක ඍජුව සම්බන්ධයි ජරාමරණ. ඇයි ජරාමරණ හටගත්තේ ඉපදීම නිසා. ඊළඟට ඉපදීමට ඍජුව සම්බන්ධයි භවය. ඇයි ඉපදීම හටගත්තේ භවය නිසා. ඊළඟට භවයට ඍජුවම සම්බන්ධයි උපාදාන. ඇයි භවය හටගත්තේ උපාදාන නිසා.

විස්මිත හෙළිදරව්ව....

උපාදාන නිසා කාම භවය හටගන්නවා. උපාදාන නිසා රූප භවය හටගන්නවා. උපාදාන නිසා අරූප භවය හටගන්නවා. එහෙනම් මතක තියාගන්න කාම භවයක් හටගත්තත් ඒ උපාදාන නිසා. රූප භවයක් හටගත්තත් ඒ උපාදාන නිසා. අරූප භවයක් හටගත්තත් උපාදාන නිසා. ඒ කිව්වේ අරූප ලෝකෙ ඉපදුනොත් ඉපදෙන්නේ අරූප භවය නිසා. රූප ලෝකෙ ඉපදුනොත් ඉපදෙන්නේ රූප භවය නිසා. කාම ලෝකෙ ඉපදුනොත් ඉපදෙන්නේ කාම භවය නිසා.

දැන් ඔන්න අපි උපාදාන හතරක් ගැන කිව්වා. කාම උපාදාන, දිට්ඨි උපාදාන, සීලබ්බත උපාදාන, අත්තවාද උපාදාන. මේ උපාදාන හතරෙන් හැදුවේ මොකක්ද? භවය. එහෙනම් විපාක පිණිස කර්ම හැදෙන්න හේතු වුනේ උපාදාන. කුඹුරක් හැටියට කර්මය තියෙන්න හේතු වුනේ උපාදාන. බීජයක් හැටියට විඤ්ඤාණය තියෙන්න හේතු වුනේ උපාදාන. පැළවෙන දේකට උදව් කරන තෙතක් හැටියට තෘෂ්ණාව තියෙන්න හේතුවුනේ උපාදාන. හීන ධාතුවේ වේවා මධ්‍යම ධාතුවේ වේවා ප්‍රණීත ධාතුවේ වේවා චේතනාවක් පවතින්න, පැතුමක් පවතින්න, විඤ්ඤාණයක් පිහිටන්න හේතු වුනේ උපාදාන.

සෝවාන් වුනොත් උපාදාන දෙකක් නැතුව යනවා....

ඒ උපාදාන හතරෙන්ම කරන්නෙ මේ තුන් වැදෑරුම් භවයට උදව් කරන එකයි. සෝවාන් වෙච්ච කෙනෙකුට ඔය උපාදාන හතරෙන් උපාදාන දෙකක් නැතුව යනවා. දිට්ඨි උපාදානයි සීලබ්බත උපාදානයි දෙක නැතුව යනවා. කාම උපාදාන නැතුව යනවා අනාගාමී ඵලයේදී. අත්තවාද උපාදාන නැතුව යනවා රහත් ඵලයේදී. උපාදාන හතරම නැතුව ගියොත් භවයක් නෑ. විඤ්ඤාණය නිරුද්ධ වෙනවා. හරි ලස්සනයි භාග්‍යවතුන් වහන්සේ මේ සසර ගැටලුව ලෙහන හැටි.

උපාදානයට ග්‍රහණය වුනාට පස්සේ මේ ග්‍රහණය අඩුකරන එක තමයි සීලයකින්, ඉන්ද්‍රිය සංවරයකින්, සමාධියකින් කරන්නේ. සීලයක පිහිටියට පස්සේ එයා කෑම ගැන එච්චර හොයන්නෙ නෑ. ඉන්න හිටින්න තැන් ගැන මහ විසාලෙට හොයන්නෙ නෑ. එයා පාඩුවේ ඉඳගෙන උවමනා කාරණයට හිමින් හිමින් යනවා. බුදුරජාණන් වහන්සේ ඒ කාලේ පැවිද්දාව හදලා තියෙන්නේ පටිච්ච සමුප්පාදයෙන් නිදහස් වෙන ආකාරයට. පටිච්ච සමුප්පාදයට අහුවෙන්න නෙමෙයි. ඒ කාලේ ඉතින් පින්වන්තයොනේ හිටියේ. ස්වල්ප පින් තිබිච්ච අයද?

පුදුමාකාර පින් බලයක්....

දැන් බලන්න හිතලා අර මහා කස්සප මහ රහතන් වහන්සේ ගිහි කාලේ පිප්ඵලී මාණවක හැටියට ඉන්දෙද්දි භද්‍රා කාපිලානිත් එක්ක විවාහ වුනාට පස්සේ

ඇඳ මැද්දෙන් මල් මාලයක් දාලා දෙන්නා දෙපැත්තේ හිටියේ. ඉඳලා කිව්වා අපෙන් කාටහරි එක්කෙනෙකුට රාග සිතක් හටගත්තොත් මේ මල් මාලේ පරවෙන්න ඕනෙ කිව්වා. අවුරුදු ගාණක් හිටියා මල්මාලේ පරවුනේ නෑනේ. ඒකට තමයි පින් බලය කියන්නේ.

දැන් කාලේ එහෙම නෑ. දැන් කියනවා මූණත් වහපං. ඇඟත් වහපං. අතපයත් වහපං. ඇස් දෙක විතරක් පෙන්නපං කියලා. ඇයි අතක් පයක් දැක්කත් ඇවිස්සෙනවනෙ. එතකොට බලන්න මේ කාලේ මිනිස්සුන්ගේ කොච්චර පරිහානියක්ද තියෙන්නේ කියලා. බුද්ධ කාලේ එහෙම නෑ. දවසක් විශාඛා මහෝපාසිකාව රහතන් වහන්සේලාව දානෙට වඩම්මවන්න කියලා පණිවිඩේ යවනකොට අකල් වැස්සක් වැහැලා රහතන් වහන්සේලා එළියේ නිකම් ඇඳුම් නැතුව පැන් පහසු වෙනවා.

මේ මාර්ගය වඩන්න බලසම්පන්න පිනක් ඕන....

එතකොට පණිවිඩකාරයා ආපහු ගිහින් කිව්වා ස්වාමීන් වහන්සේලා පේන්න නෑ කියලා. එතකොට විශාඛා මහෝපාසිකාව කාරණය තේරුම් ගත්තා. ඉතින් බුදුරජාණන් වහන්සේට කියලා වරයක් හැටියට සංඝයාට නානසළු දෙන්න පෙළඹුනා. දැන් කාලේ මිනිස්සුන්ට නිකම් කොණ්ඩයක් දැක්කත් ඔළුව කුලප්පු වෙනවා. ඇයි මේ? පිරිහිලා. දැන් කාලේ මනුෂ්‍යයාට දරාගැනීමේ හැකියාවක් නෑ. මනුස්සයෙකුගේ අතක් පයක් දැක්කත් හතරගාතේ දාලා වැටෙනවා. කම්පා වෙනවා. ඔරොත්තු දෙන්නෙ නෑ. ඒකයි වහපං වහපං කියන්නේ ඔක්කොම.

ඒ කාලේ බලසම්පන්න පිනකින් තමයි මේ මාර්ගය වඩාගෙන ගියේ. එතකොට බලන්න ඔන්න කාමයට අහුවුනා. ඊට පස්සේ දෘෂ්ටි වලටත් අහුවුනා. සීලබ්බත පරාමාස වලටත් අහුවුනා. අත්තවාද උපාදාන වලටත් අහුවුනා. මේකට අහුවුනාට පස්සේ මොකක්ද වෙන්නේ? අහුවෙලා සිත, කය, වචනයෙන් ක්‍රියා කරනකොට කුඹුර හැදෙනවා. **කම්මං ඛෙත්තං.** ඊට පස්සේ සිත, කය, වචනයෙන් ක්‍රියාත්මක වෙනකොට විඤ්ඤාණය ඊට අනුව සකස් වෙනවා. තණ්හාවෙන් ඒකට රැකුල් දෙනවා.

උපාදාන හටගත්තේ කුමකින්ද....?

ඊළඟට විපස්සී බෝසතාණන් වහන්සේ නැවත මෙනෙහි කරන්න පටන් ගත්තා. **කිම්හි නු ඛෝ සති උපාදානං හෝති.** උපාදාන හටගන්නේ කුමක් ඇතිකල්හිද? **කිම්පච්චයා උපාදානං.** කුමක් නිසාද උපාදානය? කියලා. ඒ කිව්වේ කාමයට ග්‍රහණය වෙන්නේ කුමක් නිසාද? දෘෂ්ටි වලට ග්‍රහණය වෙන්නේ කුමක් නිසාද? සීලව්‍රතයන්ට ග්‍රහණය වෙන්නේ කුමක් නිසාද? අත්තවාදයට ග්‍රහණය වෙන්නේ කුමක් නිසාද? කියලා නුවණින් විමසන්න පටන් ගත්තා.

මේ විදිහට යෝනිසෝ මනසිකාරයෙන් විමසද්දි මහ බෝසතාණන් වහන්සේලාට ප්‍රඥාවෙන් අවබෝධ වෙනවා මේ උපාදාන ඇතිවෙන්නේ තණ්හාවෙන් කියලා. මොකක්ද තණ්හාව කියන්නේ? තණ්හාව කියලා කියන්නේ අපේ හිත යම්කිසි දේකට ඇදිලා යනවා. යම්කිසි දේකට හිත ඇදිලා ගියොත් මොකක්ද වෙන්නේ? ඒකම මතක් වෙනවා. ඔන්න අපි එකපාරට අපි මීට කලින් දැකපු නැති රූපයක් දැක්කා. දැක්කහම ඒ රූපය

තුළ තියෙනවා නම් ආශ්වාදය ඇති කරන ස්වභාවයක් ඒ රූපයට වසඟ වෙනවා. වසඟ වෙච්ච ගමන් මොකද වෙන්නේ අපේ හිත ඒකට ඇදිලා යනවා. ඒකට කියනවා රූප තණ්හා කියලා.

ආශ්වාදය ඇතිකරන අරමුණට හිත ඇදීයාම තණ්හාවයි....

ඔන්න අපිට සින්දුවක් ඇහෙනවා. අපේ හිත ඒ ශබ්දයට ඇදිලා යනවා. දැන් ඔන්න අපි හිතමු පොතක් කියව කියව ඉන්නවා අපි. ඉන්නකොට මිහිරි ශබ්දයක් ඇහෙනවා. දැන් පොත කියවන්න පුළුවන්ද? බෑ. මොකද වෙන්නේ? අර ශබ්දයට සිත ඇදිලා යනවා. ඒක තමයි තණ්හාව. තණ්හාවේ ස්වභාවය මොකක්ද එතකොට? ආශ්වාදය ඇති කරන දේට සිත ඇදිලා යෑම. මේක විස්තර වශයෙන් මතක තියාගන්න. නැත්නම් තණ්හාව කියන එක අපි කැමැත්ත කිය කිය ඉඳියි.

ආශ්වාදය ඇති කර දෙන අරමුණට සිත ඇදීයාමෙ තණ්හාවයි. ආශ්වාදය ඇතිකරදෙන අරමුණට හිත ඇදිලා යන එක අපි පුරුදු කරපු නිසා ඒක බොහෝම සුළු මොහොතින් සිද්ධ වෙනවා. දැන් හිතලා බලන්න අපි ආසා කරපු කෑමක් සිහි කළ වේගයෙන් කටට කෙළ එන්නෙ නැද්ද? ඒ කියන්නේ කයත් ඒකට සූදානම් වෙනවා සිහි කරපු වේගයෙන්. ආන්න ඒකෙන් තමයි තල්ලු වෙලා යන්නේ. ඊට පස්සේ ග්‍රහණයට ලක්වෙනවා.

මාරයාට අයත් දේ....

බුදුරජාණන් වහන්සේ මේ කාම තෘෂ්ණාවට උපමාව දේශනා කරලා තියෙන්නේ මාරයාගේ ලාටු

කියලා. වැද්දා වඳුරෝ අල්ලන්න ලාටු වලින් බෝනික්කෙක් හදලා ගස් උඩ තියනවා. එතකොට ඔන්න වඳුරෙක් එනවා එතනට. ඇවිල්ලා අතින් ගහනවා. ගැහුවහම අත ඇලෙනවා. අනිත් අතිනුත් ගහනවා. ඒකත් ඇලෙනවා. අත් දෙක ගලවන්න කකුල තියනවා. කකුලත් ඇලෙනවා. ඒ කකුලයි අත් දෙකයි ගලවන්න අනිත් කකුල තියනවා. ඒකත් ඇලෙනවා. ඒ හතර ගලවන්න හිතාගෙන ඔළුව තියලා තද කරනවා. ඔළුවත් ඇලෙනවා.

ඒකේ තේරුම මොකක්ද? එකක් ගලවන්න හදනකොට අනිකට අහුවෙනවා කියන එක. බුදුරජාණන් වහන්සේ මේ පංච කාමයන් පෙන්වා දෙන්නේ මාර විෂය (මාරයාට අයිති දේ) හැටියට. ප්‍රියමනාප රූප, ප්‍රියමනාප ශබ්ද, ප්‍රියමනාප ගඳ සුවඳ, ප්‍රියමනාප රස, ප්‍රියමනාප පහස මේවා මාර විෂය. මේ විදිහට ආශ්වාදනීය අරමුණට හිත ඇදී යාම නිසා ග්‍රහණයට අහුවෙනවා.

තණ්හාව නැත්නම් උපාදානත් නෑ....

අපි මෙහෙම ගමු. ආශ්වාදය ඇතිවෙන රූප, ශබ්ද, ගන්ධ, රස, ස්පර්ශ, අරමුණු ගඟක් කියමු. මේ රූප, ශබ්ද, ගන්ධ, රස, ස්පර්ශ, අරමුණු නමැති ගඟට කෙනෙක් බහිනවා. බැහැලා මේකේ පීන පීන හිමීට පහළට යනවා. යනකොට මේ ගඟේ සියලු වතුර කළඹලා යටට ගහන සුළියක් තියෙනවා. අර ගඟේ යන කෙනා ඒකට අහුවෙනවාද නැද්ද? එහෙම අහුවුනේ එයා ඒ වතුරට බැස්ස නිසා නේද? අහුවෙච්ච ගමන් කරකවලා යටට ගහනවා. ඒ වගේ තමයි මේ ආශ්වාදනීය අරමුණට හිත ඇදිලා ගියාම කාමයට ග්‍රහණය වෙනවා.

එතකොට සිත ඇදිලා යාම එකක්. ග්‍රහණය වීම තව එකක්. හිත ඇදිලා ගියේ නැත්නම් ග්‍රහණය වෙන්නෙ නෑ. සිත ඇදිලා යෑම නැත්තටම නැති වුනොත් ග්‍රහණය වීමත් නැත්තටම නෑ. අපගේ භාග්‍යවතුන් වහන්සේ තණ්හාව පෙන්වා දීලා තියෙනවා හය ආකාරයකටයි තුන් ආකාරයකටයි. තුන් ආකාරයකට පෙන්වා දෙනවා කාම තණ්හා, භව තණ්හා, විභව තණ්හා කියලා. ඒ කියන්නේ කොටසක් මේකේ රැස්කරගෙන යනවා පැවැත්මට ආසාවෙන්. තව කොටසක් රැස්කරගෙන යනවා නැවැත්මට ආසාවෙන්. අර මං කලින් කිව්වේ ජර්මන් වල එක ආගමික පිරිසක් තණකොළ කාපු සිද්ධියක් ගැන. ඒ පැවැත්මට ආසාවෙන් නෙමෙයිනේ. නැවැත්මට ආසාවෙන්. නමුත් නැවැත්මට ආසාවෙන් කළෙත් රැස්කරපු එක.

දුක හටගන්නා හේතුව තෘෂ්ණාවයි....

බුදු කෙනෙකුට ඇර මේ ලෝකෙ වෙන කිසි කෙනෙකුට මේ පාර පෙන්වන්න බෑ. ශ්‍රාවක වූ අපි හැම තිස්සෙම කරන්නේ ඒවා උපුටාගෙන කතා කරන එක. එතකොට මේ භව ගමන නිර්මාණය කරන සන්ධිස්ථානය තමයි තෘෂ්ණාව කියන්නේ. මෙතනින් තමයි අපේ තීරණය අවාසනාවන්ත කරන්නේ. බුදුරජාණන් වහන්සේ දුක ගැන විස්තර කරන තැන තෘෂ්ණාවට මොකක්ද කිව්වේ? **ඉදං දුක්ඛ සමුදයං අරියසච්චං** කියලා. දුක්ඛ සමුදය කිව්වේ තෘෂ්ණාව.

තෘෂ්ණාව කිව්වේ ආශ්වාදනීය අරමුණට සිත ඇදිලා යෑම. මං තෘෂ්ණාව ගැන තෝරගනිද්දි ඔය විදිහටයි මට මේක අල්ලගන්න පුළුවන් වුනේ. මං කල්පනා කළා

මොකක්ද මේ තෘෂ්ණාව කියන්නේ. බැලුවහම පේනවා අපිට යම්කිසි දේකින් ආශ්වාදයක් ඇති වුනා නම් ඒ ආශ්වාදය ඇතිවෙච්ච දේට නිරායාසයෙන්ම හිත ඇදිලා යනවා. ඒකට අමුතුවෙන් මහන්සියක් ගන්න ඕන නෑ. මහන්සියක් ගන්න ඕනේ ආශ්වාදයක් නැති එක මෙනෙහි කරන්නයි.

ඇස් වහගෙන පැය ගණන් මෙනෙහි කර කර ඉන්න පුළුවන්....

දැන් අපි ගත්තොත් ධාතු මනසිකාරය. කිසි ආශ්වාදයක් නෑ. දත්කුරු කාගෙන මෙනෙහි කරන්න තියෙන්නේ. ඒකට හිත ඇදිලා යන්නෙ නෑ. ඊළඟට අසුභ භාවනාව. ඒකටත් හිත ඇදිලා යන්නෙ නෑ. මෛත්‍රී භාවනාවට හිත ඇදිලා යන්නෙ නෑ. අපි වෙන එකක් මෙනෙහි කළොත් එක්කෝ මඟුල් ගෙයක් ගැන, එහෙම නැත්නම් ආභරණ ගැන, එක්කෝ චිත්‍රපටියක් ගැන මෙනෙහි කරනවා. හිත ඇදීලා යනවා. ඒවා නම් ඇස් වහගෙන පැය ගණන් මෙනෙහි කර කර ඉන්න පුළුවන්. එහෙම නේද මේ හිතේ ස්වභාවය.

ඊළඟට කෑමක් හදනවා. හිතෙන් ලස්සනට පොල් ගානවා. පොල් මිරිකනවා. ලූණු කපනවා. තෙලෙන් බදිනවා. පිටි අනනවා. හිතෙන් ඕන එකක් කරහැකි. ඒවා අමාරු නෑ. ඔන්න අපි ධාතු මනසිකාරය මෙනෙහි කරන්න පටන් ගන්නවා. ඔන්න ටිකක් වෙලා යනකොට නිදි. ඇයි මේ හේතුව? ඒක ආශ්වාදනීය අරමුණක් නෙමෙයි. ඒක බෙහෙතක්. ඒක ඖෂධයක්. ඖෂධ කියන ඒවායේ ආශ්වාදය නෑ. ඖෂධ කියන ඒවා තිත්තයි. අපහසුයි. බොන්න බෑ. කැමති නෑ. හැබැයි ලෙඩේ සනීප කරන්නෙත් ඒකෙන්.

ධර්මය හා සමාන වෙන ඖෂධයක් නෑ....

ඒ වගේ තමයි මේ ධර්මය. බුදුරජාණන් වහන්සේ මේ ධර්මය ගැන පෙන්වා දීලා තියෙන්නේ කොහොමද? **"ධම්මෝසධ සමං නත්ථි. ඒතං පිවථ භික්ඛවෝ"** මහණෙනි, ධර්මය හා සමාන වෙන ඖෂධයක් නෑ. මේක බීපල්ලා කියනවා. ඖෂධයක් බොන්න කැමති නෑ කවුරුත්. බෙහෙත දකිනකොට ඇඟ හිරිවැටෙනවා. නමුත් ඒකම තමයි ලෙඩේ සනීප කරන එක. අනිත්‍යයි කියලා මෙනෙහි කරගන්න ගියහම හරි අමාරුයි. නමුත් මම, මගේ, මගේ දේවල්, මමයි හැදුවේ, මේ මම හිටවපු ගස්, මං හදාපු වැට, මං හිටවපු පොල් පැල, මං හිටවපු කෙහෙල් කන්, මේවා ඕනතරම් හිත හිතා හිටියැහැකි. මොකද හේතුව? ආශ්වාදයක් ඇති කරනවා.

මෙනෙහි කළයුත්තේ ආදීනවයයි....

බුද්ධ දේශනාවේ කොහොමද තියෙන්නේ ආශ්වාදය මෙනෙහි කරද්දි මෙනෙහි කරද්දි එයා අමාරුවේ වැටි වැටීම යනවා. බුදුරජාණන් වහන්සේ මෙනෙහි කරන්න කිව්වේ ආශ්වාදය ද ආදීනවය ද? ආදීනවයයි. ආදීනවය මෙනෙහි කරන්න මෙනෙහි කරන්න ආශ්වාදය ඇතිකරන දේට හිත ඇදීයාම ගැන කලකිරෙනවා. බලන්න බුදුරජාණන් වහන්සේ ඒ උත්තරේ ඒ විදිහට නොදෙන්න මේ ජීවිත ගැටලුවට අපිට කවදාවත් පිළිතුරක් ගන්න හම්බ වෙන්නේ නෑ.

එතකොට මේ තෘෂ්ණාවෙන් මොකක්ද කරන්නේ? ආශ්වාදනීය අරමුණට හිත ඇදිලා යනවා. මේක වළක්වන්න බෑ. ඇයි ආශ්වාදය ම නේ අපි මෙනෙහි කරන්න පුරුදු

වෙලා ඉන්නේ. ආශ්වාදය කියන්නේ මොකක්ද? සතුට සොම්නස ඇති කරදෙන දේ. යම් රූපයක් බලලා සතුට සොම්නස හැදෙනවා නම් අපේ හිත ආයෙ ආයෙමත් ඒක බලන්න ආස කරනවා. යම් ශබ්දයක් අහලා සතුට සොම්නස හදලා දෙනවා නම් අපේ හිත ආයෙ ආයෙමත් ඒ ශබ්දය අහන්න ආසා කරනවා.

ආශ්වාදය සහ ආදීනවය....

යම් සුවඳකින් සතුට සොම්නස හදලා දෙනවා නම් අපේ හිත ආයෙ ආයෙමත් ඒ සුවඳ ආඝ්‍රාණය කරන්න ආසා කරනවා. යම් රසයකින් සතුට සොම්නස හදලා දෙනවා නම් ආයෙ ආයෙමත් ඒ රසය විඳින්න ආසා කරනවා. යම් පහසකින් සතුට සොම්නස හැදෙනවා නම් ආයෙ ආයෙමත් ඒ පහස ලබන්න ආසා කරනවා. යම් අරමුණකින් සතුට සොම්නස හදලා දෙනවා නම් ආයෙ ආයෙමත් ඒ අරමුණ මෙනෙහි කරන්න ආසයි.

මේ සතුට සොම්නස කොහෙද තියෙන්නේ? පඨවි ධාතුවේ. ආපෝ ධාතුවේ. තේජෝ ධාතුවේ. වායෝ ධාතුවේ. ආකාස ධාතුවේ. විඤ්ඤාණ ධාතුවේ. මේ ආශ්වාදය යම් තැනක තියෙනවද එතන තව එකක් තියෙනවා. ඒ තමයි ආදීනවය. ආදීනවය කිව්වේ මොකක්ද? ඒ ආශ්වාදජනක අරමුණු නැති වෙලා යනවා. අනිත්‍ය වෙලා යනවා. ජරාමරණයට පත්වෙනවා. ජරාමරණ කොහෙද තියෙන්නේ? පඨවි ධාතුවේ, ආපෝ ධාතුවේ, තේජෝ ධාතුවේ. වායෝ ධාතුවේ. ආකාස ධාතුවේ, විඤ්ඤාණ ධාතුවේ. මේවායේ තමයි ජරාමරණ තියෙන්නේ.

අසුභ භාවනා කර්මස්ථානය....

එතකොට මේ ආශ්වාදය තියෙන අරමුණේම ආදීනවයත් තියෙනවා. හැබැයි අපි පුරුදු වෙලා ඉන්නේ ආශ්වාදය ඇතිකරන අරමුණට හිත ඇදිලා යන එක විතරයි. ආදීනව දකින්න හිත පුරුදු කරලා නෑ. ඒ නිසා අපි ආදීනව දකින්නේ නෑ. දැන් බලන්න කෙනෙක් පැවිදි කරද්දි සිවුරු පටිය බෙල්ලේ ගැට ගහලා දෙන්නෙ මොකක්ද මෙනෙහි කරන්න? කේසා, ලෝමා, නඛා, දන්තා, තචෝ කියලා අසුභ භාවනා මනසිකාරය. මේ ආශ්වාදය නෙමෙයි ආදීනවයයි මෙනෙහි කරන්න දෙන්නේ. එතනින් තමයි මේක අනිත් පැත්ත හැරෙන්නේ. ආදීනව මෙනෙහි කරනකම් අනිත් පැත්ත හැරෙන්නෙ නෑ.

බුදුරජාණන් වහන්සේ ලස්සන උපමාවක් දේශනා කරනවා. ඔන්න ඇස් දෙකම පේන්නේ නැති කෙනෙක් ඉන්නවා. මෙයා ආසයි ලස්සන ඇඳුමක් අඳින්න. ඉතින් මෙයා එක එක ඇඳුම් මහණ අය ළඟට ගිහිල්ලා කියනවා 'අනේ යාළුවනේ, මං කියන ගාණක් දෙන්නම්. මට ලස්සන ඇඳුමක් මහලා දෙන්න' කියනවා. මේගොල්ලෝ පැච් දාපු පරණ කබල් ඇඳුමක් ගෙනත් දෙනවා. දීලා කියනවා මෙන්න ලස්සන ඇඳුමක්. මෙච්චර ගාණක් වෙනවා කියලා සල්ලි ටික අරන් ඇඳුම දෙනවා.

ඇත්ත නොපෙනෙනකම් ආශ්වාදය පමණක් මෙනෙහි කරනවා....

දැන් මෙයා මේක ඇඳගෙන පාරේ යනවා. ගිහින් යාළුවන්ට කියනවා 'මේ බලාපං. මට ලස්සන ඇඳුමක්

හම්බ වුනා. ෂෝක් නේද' කියලා අහනවා. එතකොට මේකට සතුටු වෙන අය මොකද කරන්නේ? 'හරි ෂෝක් ඔය ඇඳුම' කිය කිය කියනවා. එතකොට කාරුණික වෙද මහත්තයෙක් මෙයා ගැන අනුකම්පා හිතිලා ඇස් වලට බෙහෙත් දානවා. ටික කාලයක් යනකොට මෙයාගේ ඇස් දෙකම පේන්න පටන් ගන්නවා. එතකොට එයා ඉස්සෙල්ලාම බලන්නේ මොකක් දිහාද? එයා මෙතෙක් කල් ආසා කරපු වස්ත්‍රය. බැලුවහම පේනවා මෙතෙක් කාලයක් එයා ලස්සනයි කියලා හිතාගෙන ඇඳගෙන ඉඳලා තියෙන්නේ කිලුටු වෙච්ච පරණ ඇඳුමක් බව.

ඒ වගේ ඇත්ත නොපෙනෙනකම් ම ආශ්වාදය පමණක් මෙනෙහි කර කර ඉන්නවා. එතකොට දැන් එහෙනම් තේරුම් ගන්න මේ ආශ්වාදනීය අරමුණු වලට හිත ඇදී යාම (තෘෂ්ණාව) නිසා උපාදානය හටගන්නවා. උපාදාන නිසා භවය හටගන්නවා. භවය නිසා උපදිනවා. ඉපදීම නිසා ජරාමරණ හටගන්නවා. මේ පටිච්චසමුප්පාදයේ ඉතුරු කොටස අපි ඊළඟ මාසේ වැඩසටහනේදි උගන්වනවා. ඉතින් මේ අද ඉගෙන ගත්තු කරුණු ටික හොඳින් තේරුම් අරගෙන අපටත් මේ ජරාමරණ දුකින් සදහටම නිදහස් වෙන්න වාසනාව ලැබේවා!

සාදු! සාදු!! සාදු!!!

මහාමේඝ ප්‍රකාශන

21. නන්ද මහරහතන් වහන්සේ

- **ඉංග්‍රීසි භාෂාවට පරිවර්තනය වී ඇති ධර්ම දේශනා ග්‍රන්ථ :**

- **ඉංග්‍රීසි භාෂාවට පරිවර්තනය වී ඇති සදහම් සිතුවම් පොත් :**

01. Chaththa Manawaka
02. Sumana the Novice monk
03. Stingy Kosiya of Town Sakkara
04. Kisagothami
05. Kali She-devil
06. Ayuwaddana Kumaraya
07. Sumana The Florist
08. Siriguththa and Garahadinna

www.ingramcontent.com/pod-product-compliance
Lightning Source LLC
Chambersburg PA
CBHW070524030426
42337CB00016B/2095